现代视角下的
农业经营体系创新研究

王高建　著

吉林人民出版社

图书在版编目（CIP）数据

现代视角下的农业经营体系创新研究 / 王高建著
. — 长春：吉林人民出版社，2022.9
ISBN 978-7-206-19521-1

Ⅰ．①现… Ⅱ．①王… Ⅲ．①农业经营－经营体系－
研究－中国 Ⅳ．①F324

中国版本图书馆 CIP 数据核字(2022)第 240815 号

现代视角下的农业经营体系创新研究
XIANDAI SHIJIAO XIA DE NONGYE JINGYING TIXI CHUANGXIN YANJIU

著　　者：王高建
责任编辑：孙　一　　　　　　　　封面设计：牧野春晖
出版发行：吉林人民出版社(长春市人民大街 7548 号　邮政编码：130022)
印　　刷：北京市兴怀印刷厂
开　　本：710mm × 1000mm　　　　1/16
印　　张：9.75　　　　　　　　　　字　　数：210 千字
标准书号：ISBN 978-7-206-19521-1
版　　次：2023 年 10 月第 1 版　　　印　　次：2023 年 10 月第 1 次印刷
定　　价：79.00 元

前　言

　　"三农"工作是全面建设社会主义现代化国家的重中之重。为贯彻落实《中华人民共和国国民经济和社会发展第十四个五年规划和2035年远景目标纲要》，坚持农业农村优先发展，全面推进乡村振兴，要加快构建新型农业经营体系，坚持家庭经营在农业中的基础性地位，推进家庭经营、集体经营、合作经营、企业经营等共同发展的农业经营方式创新。

　　加快构建新型农业经营体系，是发展现代农业的重大任务。当前，我国耕地、淡水资源不断减少，农业劳动力素质结构性下降，在工业化城镇化背景下，生产要素也出现了加速向城市流动的态势，而农产品需求则持续刚性增长。因此，必须立足我们的国情、农情和现代化的发展阶段、发展水平，坚定不移地走中国特色农业现代化道路，切实优化农业资源配置方式，大力提高农业资源配置效率，着力推进现代农业发展。这就要求我们在坚持农村基本经营制度的基础上，发展适度规模经营，加快构建农业集约化、专业化、组织化、社会化相结合的新型农业经营体系。一方面高效利用耕地、淡水、劳动力等传统要素，另一方面积极引入资金、管理、技术等先进要素，不断提高农业现代化水平。

　　本书共分七章对新型农业经营体系进行分析和研究，第一章为新型农业经营体系，对农业经营体系及其主体和基础进行了分析；第二章为构建新型农业经营组织，从内涵、特性、影响因素和新型农业经营组织等几个方面展开论述；第三章是构建可持续发展农业体系，包括可持续发展农业概述、生态农业发展经营体系、农业资源经营保护体系等内容；第四章是完善农村土地流转机制，从理论论述、经营权流转和土地规模化经营三个方面入手；第五章是我国精准农业的发展及技术体系，包括精准农业的内涵及原理、技术体系、技术实施等内容；第六章是构建新型农产品销售体系，包括农产品直接营销、间接营销、网络营销和其他营销等内容；第七章分析研究构建现代农村金融制度体系，包括农村金融与农业经济发展、现状和存在的问题以及农村金融改革等内容。

　　本书在写作过程中，参考了相关专家学者的研究成果，在此表示诚挚的感谢！由于精力和时间的限制，本书在写作过程中难免会出现疏漏，恳请广大读者给予批评指正，以便使本书不断完善。

王高建
2022 年 4 月

目　　录

第一章　新型农业经营体系

第一节　新型农业经营体系

　　构建新型农业经营体系是对农业经营体制的一次重大政策调整，这里的"新型"是对传统农业经营方式的创新和发展，是与我国传统农业小规模经营特点相区别的。意义在于推行与新型城镇化、城乡一体化发展相适应的农业经营体制，转变农业发展方式，提高农业综合生产能力，持续增加农民收入。同时，也是确保农产品质量和有效供给，提高农业市场竞争力的重要支撑。

一、新型农业经营体系的内涵及意义

（一）新型农业经营体系的内涵

　　新型农业经营体系是以家庭农场、专业大户、农民合作社、农业社会化服务组织等农业生产经营单位为主体，带动农户增产增收、推动现代农业发展的规模经营和社会化服务体系。集约化、专业化、组织化、社会化是新型农业经营体系区别于传统农业经营体系的特征和优势。集约化是指以现代农业装备、人力资本、农业科技、农业服务等取代传统农业生产手段和要素，不断提高农业产业发展水平；专业化主要是指农业生产经营服务主体和农业区域的专业化，通过分工协作提高农业生产率，实现区域农业规模经营；组织化是指农业主体的发育、相关农业组织的创新以及农业产业链的分工协作和一体化发展；社会化是指农业发展过程的社会参与和农业服务的社会提供。

　　近年来，随着农业现代化水平不断提高和政策扶持力度不断加大，农村土地流转和规模经营快速发展，新型农业经营主体不断涌现，农业经营方式和组织形式不断创新，新型农业体系建设取得长足进展。与此同时，农业兼业化、村庄空心化、农民老龄化等问题凸显，资源环境约束趋紧，城乡资源要素流动和配置不均衡，农业国际竞争力较弱，我国农业现代化面临的问题尖锐复杂。新形势下，推进农业现代化必须突破就农业论农业

的框框，按照大农业的思路推进新型农业经营体系建设，培育新型农业经营主体，发展新型农业经营方式，构建新型农业社会化服务体系，推动农业向集约化、专业化、组织化、社会化方向发展。

（二）新型农业经营体系的意义

1. 新型农业经营体系具有旺盛生命力

从目前我国的农业生产的发展趋势看，用实践证明了新型农业经营体系具有旺盛的生命力。从改革开放至今，我国农业的发展发生了翻天覆地的变化，农村经济发展也在不断加速，农业产品的供给实现了从紧缺向平衡的突破性跨越，不仅满足了人民群众日益增长的产品需求，也发展了农村经济。在短时间内，能取得如此大的成就，是以家庭承包制为基础的。在此基础之上，新型农业经营体系的发展势在必行。事实证明，农村生产力的发展解放，激发了广大农民的价值性与创造性。统一经营的方式与制度带领着分散的农户走上了企业化、适应社会市场化的道路，促使传统农业经营体系不断向新型农业经营体系转变。

2. 符合农业生产特点

构建新型农业经营体系符合农业生产特点，也是社会主义市场经济发展的趋势所在。农业生产属于自然再生产、经济再生产的范畴，而且是有地域限制的，还存在一定的季节性。新型农业经营体系能够让农民根据市场需求、环境改变等因素的不同科学、合理地安排土地的劳动力及劳动时间，将精耕细作的优点发挥到了极致，不仅提高了产出率，还增加了农民的收入。在成功构建新型农业经营体系之后，农民不仅可以大胆地扩大生产投入，积极经营土地，还能进行土地的流转工作，为构建多种形式的经营创造了前提性条件。尤其基于我国是人口大国的特点之上，人多地少的国情一直存在，构建新型农业经营体系，保障农民的土地权利，为农民提供了最重要的基本生活保障，有利于农村社会的和谐、快速发展。此外，还有利于解决农业生产规模小、竞争力弱等缺点。

3. 有利于创新农业生产力

新型农业经营体系有利于创新农业生产力。新型农业经营体系有机整合了农户承包、市场经营两者各自的优势与特点，不仅可以将农业进行可持续发展，还能采用现代化科技将现代农业与传统农业结合起来。在农户独立经营的基础上，构建多形式的合作，将农户的专业性发展与农业社会化服务结合起来，促进中国现代农业的长远发展。新型农业经营体系下成功的案例举不胜举，例如，农业大户、家庭农场的发展及农机跨区作业。[①]

4. 符合现代化农业的发展趋势

构建新型农业经营体系符合现代化农业的发展趋势。中国乃至全球各国的农业生产发展到现在，农户承包仍然是最常用的农业经营体系。在这个发展基础之上开始构建新型农业经营体系，虽然各国的基本国情不尽相同，发展方式也不同，但发展的目的相同，就是构建全覆盖、多形式、多样化的农业生产体系，不断提升农业生产的组织化程度与系统化程度。此外，我国农业生产力经营模式中各层次之间的有机结合、相互促进、共同发展，也是借鉴了以往成功的农业生产力经验。

二、构建新型农业经营体系的必要性

随着城市化的进一步发展，我国农业经营体系的发展面临着环境条件的深刻变化，农业生产经营也面临着一些新情况、新问题，主要表现在以下几个方面。

（一）保护农民利益，促进农业发展的需求

近些年，农村空心化的现象引起了社会各界的重视。国家统计局的公开信息显示，2021 年末中国城镇化率为 64.72%。而城镇化进程中吸纳大批农民进城务工，农村土地也因此大片游离出来，虽给现代农业的发展带来了希望，但是"谁来种地"也成了个大问题。

1. 土地闲置，撂荒现象日益严重

如今，大多数农村地区的老人只选择生产条件好的和离家近的田地，而远离家的山坡和旱地则被撂荒了。原来一年可以种两季作物，现在也只种一季。许多农民种粮就只是为了解决自己的口粮需求，农业种植的效益低，无法刺激农民从事农业种植的积极性。

2. 农业发展后劲不足

目前，我国农业劳动者的平均年龄超过 50 岁，"老人农业"现象已成为困扰我国农业发展的一个现实问题，并成为一种常态，导致农业发展后劲不足。

[①] 朱勇. 新增长理论[M]. 北京：商务印书馆，2010：57.

3. 农业科技和农业机械推广难，阻碍了农业现代化的深入发展

农民老龄化、知识水平低将直接影响农业从业人员对农业科技和农业机械的接受程度，因此农业技术推广面临着困难。

(二) 调整农业产业结构，促进农业增收的需求

农业产业化和第二、三产业对农业的深加工及服务滞后，农业结构问题和农产品质量问题突出。表现为：一是农产品品种、品质结构尚不优化，农产品优质率较低。二是农产品加工业尚处在初级阶段，保鲜、包装、贮运、销售体系发展滞后，初级产品与加工品比例不协调。三是农产品区域布局不合理，各地没有充分发挥自身的地区比较优势，未能形成有鲜明特色的农产品区域布局结构。农业发展的结构性问题突出，必须完善供给侧结构改革，构建新型农业经营体系。

(三) 提高生产经营效率，促进农业现代化发展的需要

由于现代化程度不高，农业生产效率一直困扰着我国农业的发展。家庭联产承包责任制在当时我国工业不发达、机械化程度不高的情况下，激发了农民的劳动积极性，最大化地激发了农村潜力，推动了农村社会的发展，适合当时的国情。但随着经济社会发展，旋耕机、收割机等中小型农业机械的广泛应用，人均劳动效率普遍提高，耕地少、零散的弊端便暴露了出来。

我国人多地少，绝大多数农民的承包耕地规模小而且比较分散，生产效率不高。《中国农村发展报告（2021）》指出，我国农业应重点关注如何消除要素市场扭曲，尽快构建城乡一体化的土地、劳动力、资本、信息要素市场。从国际经验看，消除城乡收入差距是一项系统工程，关键抓手是人力资本，为此须向提高农村居民受教育程度、专业技术、营养摄入、精神健康等方面倾斜。中国农业劳动生产率比工业劳动生产率低，中国农业现代化水平低于国家现代化水平。促进工业化、信息化、城镇化、农业现代化同步发展。显然农业现代化水平已经远远落后了。因此，必须加快探索如何在家庭承包经营基础上提高农业效率的有效形式，也就是解决将来"怎么种地"的问题。

(四) 保障粮食供给，确保粮食安全的需求

我们每年必须从国外调运大批农产品来满足国内迅速增长的需求，这说明我国的农产品供给安全是存在供需和结构性矛盾的，这也说明我国的

粮食生产和消费的压力是很大的。[①]

民为国基，谷为民命。粮食事关国运民生，粮食安全是国家安全的重要基础。新中国成立后，中国始终把解决人民吃饭问题作为治国安邦的首要任务。70 多年来，在中国共产党领导下，经过艰苦奋斗和不懈努力，中国在农业基础十分薄弱、人民生活极端贫困的基础上，依靠自己的力量实现了粮食基本自给，不仅成功解决了近 14 亿人口的吃饭问题，而且居民生活质量和营养水平显著提升，粮食安全取得了举世瞩目的巨大成就。党的十八大以来，以习近平同志为核心的党中央把粮食安全作为治国理政的头等大事，提出了"确保谷物基本自给、口粮绝对安全"的新粮食安全观，确立了以我为主、立足国内、确保产能、适度进口、科技支撑的国家粮食安全战略。

要解决这些问题，客观上要求加快培育新型农业经营主体，大力发展多种形式适度规模经营，加快构建新型农业经营体系。

第二节　农村新型经营体系的主体

农村新型经营体系主体的建立和发展，是社会主义市场经济发展到一定阶段的必然产物，从一定程度上完善了农业结构，农产品市场的竞争力也相应得到了提高，农民的收入稳步上升，对农村农业的经济发展，起着举足轻重的作用。

一、农村新型经营体系主体的地位和作用

随着现代农业的不断发展，构建农村新型的经营主体已经是大势所趋。在农村改革的数年来，农村的发展发生了翻天覆地的变化，同时也取得了不菲的成绩，但是随着城镇化进程的加快，给农业的发展带来了一定机遇的同时，也使农村农业的发展面临诸多问题。由于近年来，外出务工的劳动力大多是青壮年，而留下来的都是老人儿童居多，所以产生了一种现象：农业发展少有人问津，农活无心经营，谁来种地，是当下农村最突出的一个问题。所以，当下的农业发展，必须构建农村新型经营体系主体，将一部分有知识、懂技术的人才留下，使其成为农业建设的新生军。只有新型

[①] 王征兵. 论新型农业经营体系[J]. 理论探索，2016（1）：98.

的农业经营模式，加上一批技术型、经营管理型的人才，才能从根本上改变分散经营的现状，实现家庭承包经营责任制，不断提高农业发展水平，同时提升新型经营体系主体的水平。

二、农村新型经营体系主体发展存在的问题

1. 人才匮乏

由于农村的各项条件，都相对落后，一些管理型、技术型、营销型人才少之又少，培养专业知识丰富、技术水平高、经营有道的人才比较困难，与此同时，农村没有对新型经营体系主体人才进行培训的组织机制，这些原因最终导致了农村人才的匮乏。

2. 产业化程度低

在实际的产业链关系中，一些农业的龙头企业、合作社、农场等经营主体之间没有进行系统的整合，相同产业链之间的衔接较差。生产和销售一条龙的产业化结构在农村尚未开展，所以新型经营体系主体虽然发展迅速，但是由于产业化程度低，给农村的发展带来了一定的影响。

3. 组织化程度弱

新型经营体系主体之间缺乏组织的意识，农业龙头企业、合作社、农场等，他们之间都各自生产或经营，相互之间没有协同合作的意识，不能形成一个强有力的组织，更没有较强的能力来抵御市场所带来的风险，影响农业组织的发展壮大。

4. 社会化程度差

由于新型经营体系主体之间的专业分工不够完善，所以服务不能扩展到组织以外，另外由于一些农业社会化服务组织的程度相对较弱，最终阻碍了经营发展的专业化、规模化。

三、培育高质量的农村新型现代生产经营主体

（一）加大教育培训力度，建立一支高素质的职业农民队伍

在构建农村新型经营体系主体的过程中，要将职业农民的培训作为重要内容。农民在新型经营体系主体中起着承上启下的作用，所以加强培养，为新型经营体系主体的构建奠定坚实的基础。下面从两个方面描述了如何加强教育力度，建立高水平的职业农民队伍。

一方面，建立并完善农村的职业培训体系。对职业农民进行立体式的培训模式，抓住各自的特点，对其展开有针对性的培训，培训内容包含，技术方面的培训、专业知识方面的培训、经营管理方面的培训等。在对人才进行培训的同时，要能够将重点放在合作社、农业龙头企业、管理者的培训上，不断提高他们的领导才能、管理才能以及营销才能等，最终提高农村新型经营体系主体的发展。

另一方面，要长期建立职业农民培训机制。通过建设农民创业基地、示范基地等方式，对现代职业农民进行培育，从中培育出较高水平的职业农民，使其成为农村新型经营体系主体的新生力量，让其充当农业发展的主力军，彻底改变以往农民种地的形象，赋予其职业农民的头衔，使农民成为一种职业，而不再是一种身份的象征。

（二）多元化培育并发展农村新型经营体系主体

构建新型经营体系是一个系统工程，龙头企业、合作社、家庭农场、种养大户是各自独立紧密联系的单个市场主体，是整个农村体系的一个单元。积极扶持发展做大一批新技术、新产品、新工艺的"高新"农村龙头企业，鼓励龙头企业联合重组，培育一批产业关联度大、辐射带动能力强的集团企业。[①]充分发挥龙头企业的带动作用，建立龙头企业与合作社、农户的多种利益联结机制，实现龙头企业、合作社、农户的合作共赢。发挥合作社自我管理、自我发展、自我服务、自主经营的职能，不过多干预，不过度考核，不强求规模，强化实实在在的服务扶持，让农民自己的事自己说了算。

（三）发展社会化服务组织，提高社会化服务水平

积极发展劳务合作社、劳务公司等服务组织，以此应对农村劳动力的转移和农村生产用工的矛盾。大力发展植保、农机合作社等服务组织，提高社会化专业服务水平，承担新型经营体系主体外包业务，满足新型主体专业化分工的需求，促进集约经营，提高发展水平。

（四）深化农村产权制度改革，激活新型经营体系主体发展机制

加快推进农村产权交易市场体系建设，构建完善的区镇农村产权交易

[①] 张艳华. 如何加快农村新型主体的发展[J]. 农民致富之友，2017（15）：1.

网络体系，规范运作区镇两级农村产权交易行为，强化土地流转的信息发布、政策咨询、纠纷调处、土地流转合同管理等服务工作，积极探索土地经营权、宅基地使用权、农民住房所有权的抵押融资贷款，为农村新型经营体系主体发展构建良好的体制机制。[①]

（五）创新服务扶持，优化发展环境

围绕有利于农民增收、农业增效、现代农业发展，统一扶持政策，着力改善新型经营体系主体发展外部环境。逐步提高农业保险保费补贴标准，积极扩展有效担保抵押物范围，探索土地经营权、农民住房、土地附属设施、大型农机具等纳入担保抵押物范围，为新型经营体系主体的发展营造良好的发展环境，促进做大做强做优。

第三节　新型农业经营体系的基础

推进农业现代化是"十四五"期间的一项重要任务，为此，我们要努力实现农业经营体系、生产体系和产业体系的转型升级。因此，推进农业现代化的过程中研究如何充分发挥农业科技创新对农业经营体系转型升级的支撑作用，能够有效提升新型农业经营体系的发展层级，从而为发展现代农业奠定坚实的基础。

一、新型农业经营体系与科技支撑

科技支撑体系可以作为一项较为复杂的系统工程，即在农业产业化发展过程中形成的新型农业经营体系和农业科技进步的有效结合，最终目标是要构建一个能够运行科技创新、科技成果转化与科技服务的高效综合平台，通过促进科技资源共享加快农业现代化发展，旨在构建新型农业经营体系。

（一）科技支撑新型农业经营体系的内涵

对科技支撑新型农业经营体系进行研究，要先研究两者内涵，从而有利于实现两者的集成与升华。

有学者提出，构建新型农业经营体系，除了要实现农业土地的适度规

---

① 任常青. 我国新型农业经营体系渐趋完善[N]. 中国城乡金融报，2017-07-26.

模经营以外，还需要大量使用农业科技以及大型的农业机械设备，坚持走专业化、机械化生产的农业发展道路。①

有的学者认为，通过科技进步提高劳动者的素质，不断优化生产要素组合比例和组合方式，新型农业经营体系就是提高农业生产要素利用效率以及产出的经营方式。②有的学者对科技支撑体系的作用机理做了深入的分析，提出科技支撑体系是多元构成体系，包括科技资源的有效投入和科技组织的运作方式。③有的学者从科学发展的视角着手，提出了科技支撑体系的实质即通过科技政策和科学技术的创新全面提高劳动者素质，从而彻底实现农业生产的发展和资源的优化配置。④

（二）新型农业经营体系与科技支撑体系的关系

立足于传统的农户，有的学者研究后提出，农户生产过程中是否采用农业科学技术的动力主要源于内化或者认同的心理过程，主要影响因素是心理直觉有用性及易用性，另外农户的收入水平和受教育水平也会影响农户的技术采纳意愿。⑤有的学者发现，政府扶持和专业合作社所提供的技术服务一定程度上提高了农户收入，农业主体通过组织实现个体利益的意愿较为强烈。⑥

立足于新型农业经营主体，有的学者提出，农业龙头企业作为促进农业科技进步重要的载体，努力提升其科技创新能力将推进农业科技的快速发展。⑦有的学者研究后认为，随着农业产业结构的优化，新型农业经营主体不断发展壮大，对农业科技的需求出现了规模化生产、产业化经营和社会化服务的新特点。⑧有的学者提出，农业科技服务体系的核心主体是以农民专业合作社为主体的相关科技非政府组织，能够推进现代服务业与传统

① 张扬，郑曙峰等. 新型农业经营主体的发展及其对科技的需求[J]. 现代农业科技，2014（05）：2.
② 夏荣静. 加快构建我国新型农业经营体系的研究综述[J]. 经济研究参考，2015（36）：6.
③ 陈立辉. 科技支撑体系及其作用与功能[J]. 改革与战略，2002（1）：7.
④ 贾钢涛. 构建西安农业科技支撑体系的思考[J]. 科技管理研究，2010（33）：4.
⑤ 李后建. 农户对循环农业技术采纳意愿的影响因素实证分析[J]. 中国农村观察，2013（03）：10.
⑥ 肖云，陈涛等. 农民专业合作社成员"搭便车"现象探究——基于公共治理的视角[J]. 中国农村观察，2012（05）：9.
⑦ 刘兴斌，盛锋，李鹏. 农业科技成果转化与推广主体动态博弈及协调机制构建研究[J]. 科技进步与对策，2014（09）：4.
⑧ 杜永林. 强化农业科技支撑引领现代农业发展[J]. 江苏农业经济，2013（06）：27.

农业的耦合发展。①

(三) 现有科技支撑体系的研究

现阶段科技支撑体系的构建不但要考虑各类农业经营主体的科技需求，还需要努力搭建相关协调机制来保障科技支撑体系整体功能的有效发挥，从而不断提高新型农业经营体系的整体竞争力。利用现代农业技术对中国传统农业进行改造，必须把高科技要素投入相关的配套工作做好，如奠定规模化经营的基础、提供科技应用所需的信贷融资、树立市场品牌等方面。

在对相关文献梳理后发现，学者对于构建科技支撑新型农业经营体系的研究较为分散，从宏观上考虑搭建外部监控机制更多一些，较少从新型农业经营主体的实际需求着手研究，造成了科技支撑体系的实践操作性较差。本书立足实际，深入研究什么样的科技体系才能真正发挥出农业科技的支撑作用，进而有效推动农业经营体系的转型升级。

二、科技支撑新型农业经营体系的设计思路

以相关理论的梳理研究为基础，设计构建科技支撑新型农业经营体系一方面需要考虑其科学性，另一方面还必须以我国的具体国情为立足点。

因此，我国科技支撑新型农业经营体系的设计思路可以从以下三个方面着手。

第一，要遵循客观市场规律，以相关主体的科技市场需求为出发点，保证市场的引领作用得到充分发挥。

第二，要考虑当前我国新型农业经营体系的特点以及市场经济的不完善性，如果完全依靠市场机制设计科技支撑体系，不但会花费更多的时间，还会造成市场失灵和资金分散。

第三，由于科技支撑新型农业经营体系的架构还具备公益性质，相关政府部门有义务承担起设计构建科技支撑体系的责任，才能将政府在科技支撑体系构建中的独特功能有效发挥出来。

科技支撑新型农业经营体系作为一项系统工程，其设计与构建仅靠市场的引领作用以及政府的推动力还远远不够，要让新型农业经营主体积极主动地参与进来，使相关主体的功能得到充分发挥。

---

① 胡亦琴，王洪远. 现代服务业与农业耦合发展路径选择——以浙江省为例[J]. 农业技术经济，2014 (04)：35.

三、科技支撑新型农业经营体系的内容架构

（一）以新型农业经营主体为骨干力量构建农业科技创新体系

促进新型农业经营主体与农业高等院校、科研院所跨单位、跨区域紧密合作，形成有效的农业科技创新体系。

新型农业经营主体是推进农业现代化发展的骨干力量，同时还是农业科技的创新者以及实践应用者。在农业现代化时代，与传统农户相比，从总体上看，农业经营主体不仅规模较大、综合实力较强，资金也较为雄厚，因此是市场和农户之间有效的联结者。

首先，可以通过制定各项政策刺激鼓励新型农业经营主体加大农业科技投入，使其能够自主进行农业科技的研发与创新，成长为具有创新创业精神的科技型新型农业经营主体。

其次，由于科研院所和农业高等院校具备人才优势，他们正是农业科技源头创新的核心力量，可以采取必要措施整合两者的资源，激活科研活力，促成新型农业经营主体与科研院所、农业院校共建农业科技研发中心，搭建科技攻关平台，从而有效发挥农业产学研相结合的优势，大力提升农业科技创新能力，共享科研成果。

（二）针对性提升新型农业经营主体的科技素质

推动农业农村现代化背景下，由于各类新型农业经营主体对农业科技已表现出了各自不同的需求，因此，必须有针对性地加大农业科技教育与培训力度，采用因地制宜、各个击破的措施，有效增强各类新型农业经营主体学习、应用新技术及发展新产业的能力。

第一，关注省部共建农业高校的发展，根据各省农业现代化发展要求，积极带领涉农高等学校，对相关专业结构进行调整和优化，创新办学培养模式，从而大幅提高农业人才培养的针对性，提升农业高校服务"三农"的人才支撑能力。同时，以政府为主导，农科教相结合和广大农民广泛参与的职业农民教育培训体系要构建完善起来，可以采取政策鼓励措施让农民专业合作社或农业企业等社会力量积极参与进来，创办一批农民需要的，真正受农民群众欢迎的农民科技培训基地。

第二，以农业科技的重大项目、重大工程、重大学科和重点科研基地为依托，依靠优势农产品，成立一大批应用于农业生产产前、产中及产后全过程的现代农业技术团队，鼓励各类新型农业经营主体积极参与进来，

确保各类主体能够紧跟农业科技发展形势，及时运用最新的农业技术，从而成为推动农业现代化的核心力量。

（三）提供需求型科技服务，保障科技服务质量

各类新型农业经营主体（如家庭农场、农业专业合作社以及农业龙头企业）对于农业科技存在异质性的科技需求，根据其不同需求意愿，针对性地提供需求型科技服务，有效保障科技服务的质量水平。

家庭农场应拓展多方面渠道关注农业信息，以便及时、准确地了解相关农业政策、最新市场动态以及科研成果，迫切需要在关键时节能有专业农业科技人员驻点进行指导，解决制约农业产业发展的核心问题。农业专业合作社要加强与农业科研所的科技合作，保持信息交流平台的畅通，对产业发展关键时节加强技术指导。农业龙头企业应积极探索与科研院所、农业高等院校的合作开发模式，从源头就参与科研成果的培育，从而能够全面掌握成果的特征和动态，更好地得以应用。

（四）以政府为主导构建农业科技成果转化与推广体系

在科技支撑新型农业经营体系的构建过程中，农业科技成果转化与推广体系是新型农业经营主体培育壮大的重要科技支撑。

我国各地的实践已经证明，农业科技本身具备的公共属性，使得企业或相关组织出于风险考虑，会不愿参与投入农业科技成果转化与推广工作。农业科技成果的转化与推广要达到社会最优水平，就要在发挥市场机制的作用下依靠政府的引导完成转化过程。因此，应构建一个从上到下完整的农业科技成果转化与推广体系，形成以省级科技厅为指挥，各市局科技局为枢纽系统，以各县区科级事业单位为纽带的推广体系。需要注意的是，该体系的管理要参照行政事业单位的管理模式，构建农业科技成果转化与共享机制，确保农业科技支撑体系的作用得以充分发挥。

第二章　构建新型农业经营组织

农业经营组织的特殊性源于农业经营的产业特性、资产与产权特性、自然生态的区域特性以及人文社区环境特性。加快构建新型农业经营体系，对新型农业经营体系及时进行创新也是必不可少的。

第一节　农业经营组织的内涵和特性

一、农业经营组织的内涵

农业活动最原本的特点，是通过利用有构造的生命自然力进而利用其他自然力的活动。从而，任何其他自然力的利用方式和利用程度，都要受到生命自然力构造的支配、限制和约束。例如，农产品是不可间断的生命连续过程的结果；农业活动有严格的季节性和明显的地域性；农业土壤及肥力的有限性；耕地的可分性；自然影响的不确定性；农产品的鲜活性及上市的时间集中性；农业活动的综合性与多样性；等等。这些特点的综合无疑对农业经营组织提出了独特的要求。

（一）农业经营组织具有一定的分散性

由于农作物的生长严格依赖于水、土、光、热等立地条件，受到时空条件的严酷约束，这种区域多样化的经营不可能由某个集中组织来承担，而必须由与经营规模相匹配的多样化组织来分散经营，以"因地制宜"。

（二）农业经营组织具有良好的灵活性

由于农业活动是通过利用有构造的生命自然力进而利用其他自然力的活动，这就意味着农业活动是一种以生命适应生命的复杂过程，并且这一不容间断的生命连续过程所发出的信息不但流量极大，而且极不规则，从而导致对农业的人工调节活动无法程序化。与之不同，工业生产的可控程度极高，其生产过程中的信息相对比较规则，且信息的发生、传递、接收和处理通常是程序化的。因此，在工业活动中，等级组织的运营可以根据权威的指令而进行。但农业活动的主体必须根据生物需要的指令来做出有效反应，而且由于生命的不可逆性所内含的极强时间性或生命节律，决定了农业组织要比工业组织更具有反应的灵敏性与行动的灵活性。

（三）农业经营组织必须具有良好的约束机制

农业作为"没有围墙的工厂"，在资源使用、产权交易等方面具有外部经济性。由于农业生产场所是没有围墙的开放式作业，不能像工厂、商店那样可以把自己的生产资料、工艺流程、生产成果锁起来进行封闭式保护，从而农业工艺的保密性极差，极易被人模仿，同时对于生产成果的偷盗、侵权占用防不胜防。这意味着农业经营中的搭便车行为与寻租行为极易发生，因而产权保护的费用十分高昂。所以，农业的外部性特征要求农业经营组织必须具有良好的约束机制，要求在产权的界定与实施上具有更为显著的集体行动激励。

（四）农业经营组织应具有良好的隐性激励机制

由于工业生产的可控性高，并可在严密分工基础上实行大规模机械性协作，因此，它可以通过集中化、标准化、专业化、规格化等方式进行组织，并在此基础上比较准确地进行劳动计量，相应的监督成本较低。相对而言，农业活动的综合性使得它难以与生产的标准化、规格化、定量化相适应，同时也难以形成功能、职责明确的专业化分工，由此引致劳动考核和报酬的计量难以做到精确。高昂的监督成本表明，如果说工业组织较好地依赖于显性激励机制的话，农业组织更多地依赖于隐性激励机制。

（五）农业经营组织应提供稳定预期与化解不确定性的风险机制

工业活动遇到的经营风险几乎都来自社会经济领域，面临的主要是市场风险，然而，它却可以凭借生产过程的可控性来对付或减弱风险。然而农业活动的连续性、长周期性，使得农业经营的预期结果的稳定性大受影响。

首先，农业生产活动的连续性决定于物种的生长周期的约束。

其次，土壤特性同作物生长周期以及倒茬轮作之间，存在复杂的有机关联，这表明农业活动的连续性不仅表现在一个生产周期之内，还体现为各个自然周期之间。

再次，改良土壤、良种繁育、农田基本建设以及建立良好的农业生态环境，往往要更长时间的稳定预期。这些说明，农业经营组织相对来说要比工业组织应更具有长远的稳定预期保障，否则极易导致行为短期化。

不仅如此，农业的连续性还与强烈的市场风险相伴随。农业的季节性与生产连续性，使其无法在一个生产周期通过控制来达到扩大或压缩生产规模，并且其产品的可贮存性差，这些特征使农业成为一种冒险事业。而一般来说，通常在风险大的活动中，经营预期往往比较短。这要求农业经营组织不仅要提供良好的稳定预期，而且还应该具备化解不确定性的风险机制。

综合上述，可以认为农业的特性不仅对农业的经营方式的选择给出了严酷的约束，而且其所隐含的制度含义，从根本上决定了农业经营组织的特殊性。

二、农业经营组织的特性

（一）多样性

1. 产权制度安排的多样性

巴泽尔发展产权分析方法（产权模型）。巴泽尔通过资产属性及其产权安排的效率分析，揭示了"公共领域"概念，从而发现了经济组织的必要性及其性质。

巴泽尔的重要贡献是发现了"公共领域"的普遍性，并从一个独特的角度说明经济组织存在的基本事实。但他却未能进一步解释经济组织为何会以不同的方式存在，组织制度为什么表现出多样性。

一种资产的属性，可以通过使用权、收益权和转让权的分解进行产权界定。产权的可分性意味着在存在交易条件下构成产权的全部权利可以通过空间和时间上的分割进行多种构造。然而，产权的可分性还意味着同一产权结构内并存着多种权利，如果权利界定不清、缺乏约束与保护，就会造成相互间的侵蚀，导致产权残缺，由此产生的外部性及机会主义行为泛滥就会引发资源配置的低效率。

所以，产权的有效安排要求产权的充分界定，而对有些资产而言，产权的完整界定面临极高的交易成本。这里我们将交易成本定义为与界定、保护、获取和转让产权有关的成本。只要交易费用不为零，产权就不可能被完整界定。有些资产的属性，要进行测量和评价，其成本极大，它在交易过程中往往会构成公共财产（或公共物品）问题。这意味着，不同的资产，因其属性的复杂性不同，往往会形成不同的产权类型，进而形成不同的经济组织。

（1）在农业中，耕地是十分重要的资产。基于农业活动的连续性与长周期性，对耕地产权的界定很难从时间上进行充分界定。比如说，一个对耕地承包使用一年的农户，往往会最大限度耗用土壤地力，而对肥力的测量与监督的成本又十分高昂。对于一片生长期为 20 年的林地，若从时间上分解为 5 年或 10 年的承包使用期，几乎不可能为农户提供稳定预期与投资激励，相反只能导致机会主义动机与短期行为。然而，农地在空间上的产权界定则相对具有比较优势，农地的可分性强，从连片的几十亩到小块的几分地，可以进行较为清晰的产权界定。正是因为如此，所以农地制度从集体产权制度到私人产权制度，可以存在多种组织形式。当度量费用（比如劳动质量度量与成果计量）上升时，高效率的组织会取代低效率的组织（所以我们看到家庭经营组织取代了人民公社组织）。

（2）水利设施，因其可分性不同也会形成不同的产权安排。一般来说，大型排灌工程由于它的公共物品性，使得其使用与受益上的排他性成本极高，所以往往被置于全民所有制性质上；社区范围内受益的水利设施，因其俱乐部物品性质，因而往往被置于集体所有制框架内，由社区集体经济组织提供（单个农户不可能提供这样的服务）。而小型水井因其可分性，则可由农户自己提供。

（3）在农业机械的投资上，农业的结节性会形成不同的产权安排。一方面由于农地的分散性及小块经营，大型机械设备往往难以与之匹配，而且考虑到农业的季节性，其时间上的利用率也十分低下。另一方面由于大型机械的不可分性及其投资门槛，需要将其置于集体产权之下，当这样的集体经营组织存在显著效率缺陷时，农户就会进行自我服务。尽管农户资产投资集中于小型拖拉机和柴油机也面临使用效率低下的问题，却可以大大降低交易费用。

为什么农户单家独户购置农机设备而不是几户联合购置或者由集体经济组织出面购置呢?问题就在于一旦这样，就将这些资产置于"俱乐部公共物品"了，从而极易导致过度使用与保养维修不足，以致大大缩短其使用寿命。

另一种可能途径是由专业组织提供机械服务，但这类组织发育的最大难题是服务质量的测量与交易中的谈判费用。

由此可见，在提供灌溉、机耕、机种、收割、脱粒等各项服务中，可由农户组织进行自我服务、专业性组织提供专业服务、集体组织提供统一服务，从而表现出服务组织的多样性。而在一个特定的条件下到底采用何种组织，则取决于各种组织的相对比较优势。

（4）农业科技或技术创新的成果往往难以由农户自己提供。这不是从研究能力上讲，而是从农业科技成果的产权性质而言。由于农业生产场所的开放性与公开性，一个农户一旦采用新的耕种技术，极易被周围的农户所模仿，从而具有显著的外部性。新的种子种植后在成熟期极易发生偷窃行为。所以农业研究与推广往往需要公共组织来提供（考虑到研究推广的投资风险就更是如此）。

基于上述，可以认为资产的可分性强弱、资产属性的度量难易，将决定产权制度的不同安排与不同经济组织的选择。一般来说，资产的可分性越强，越倾向于私人产权与私人组织；资产属性的度量成本越低，越适宜于个人所有与个体组织。

2. 组织规模多样性

由于农业生产的连续性，所以在其生产活动中是需要连续作业的。"从播种到收割的整个生产周期都成为"核心技术"，再考虑到农业的特性及其资产属性，农业中分工的空间是极为有限的。因此，在农业生产中，交易活动大都被置于组织内部，对于小规模的家庭经营来讲就更是如此。所以我们从现实中观察到：育种、插秧、施肥、除草、防虫、灌溉以及收割等多种农艺活动往往不是通过专业化分工，而是综合地被纵向一体化的。如果说插秧和收割在一定程度上可以通过专业服务组织进行外部交易的话，那么其他农艺活动因其计量的困难也难以进行市场分工。

由于农艺活动分工面临的极高交易费用，所以农业生产倾向于内部交易或纵向一体化。不过，由于农业生产组织内部劳动质量计量、报酬的支付以及应付不确定性的灵敏要求，使得农业纵向一体化的组织规模不可能很大，出于降低组织管理成本的目的，农业生产组织往往小规模化。当然，随着农业机械化程度的提高，农业活动的工艺被更多可行的机械操作之后，机械的标准化与规格化作业会使得组织内部的计量与监督成本降低，则有利于扩大组织规模。

如图 2-1 即表达了上述思想。在手工劳动下，农业活动更适合家庭经营组织这类小规模纵向一体化（图中的 Q_1）。而在农业机械化条件下，一体化组织规模则会扩展为 Q_2。然而，农业劳动由机械替代的空间毕竟有限，

因此 Q_2 扩展的余地也是有限的。

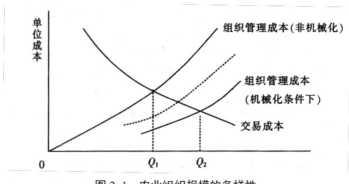

图 2-1　农业组织规模的多样性

3．运销组织的多样性

在农业经营活动中，有三个因素使得运销的重要性显著提高。

第一，商品化水平的提高与农业剩余的显著增长，使农产品的市场供给扩大，而城市化进程则为农产品市场规模的扩张提供了刺激。

第二，收入的增加引起了诸如水果、蔬菜、牛奶以及其他畜禽产品的需求上升，而农产品的鲜活性与易腐烂特性，对农产品的运销提出了更高要求。

第三，收入的提高所增加的运销服务要求，要比农产品本身具有更大的需求弹性。这表明，在农业经营活动中，经营成本的高低在一定程度上取决于生产成本，但随着市场规模的扩大，将更取决于交易成本。

在缺乏分工的前提下，单个农户很难完成从种植生产到市场销售的全部过程，一个可选择的方式是组建专业运销组织，以完成从货源组织到零售的经营过程，避免中间利益的流失。这显然要求合作组织的产生与发育。

都市近郊和远离市场的生产者具有不同的立地条件。近郊农户靠近市场，信息灵敏，交通方便，宜于采取个体运销组织形式。远隔市场的生产者则有两种方式：一是直接进入市场，二是出售给运销商。前者面临极高的交易费用，而后者是主要的交易形式。然而，农户将产品出售给运销商，却面临较高的谈判费用。因为进入农村社区的运销商具有信息优势，并且是多个农户面对少数运销商（小数谈判），所以是一种买方独占或寡占的竞争型交易，从而农户处于不利的谈判地位，如图 2-2 所示。

S 是产地的供给曲线，S' 是从 S 派生出来的买方边际生产成本曲线，D 为买方即运销商的边际收入曲线。在买方独占的情况下，买方为使自己利润最大化，会在 T 点达到均衡，从而购入量为 $Q*$，价格由供给曲线 S 决定，为 $P*$。

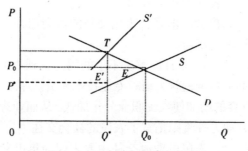

图 2-2　买方独占的竞争均衡

一般地，当 P_0 与 $P*$ 的差额达到这样的水平，以至生产者联合起来形成共同销售组织，在扣除组织成本后仍有利可图时，农户就会组织起来进行市场交易。

（二）社区性

农业经营组织除了因产业性质所决定的特殊性外，其特殊性还来源于另一个重要的方面，那就是社区性。

社区是由居住在一个特定地域内的家庭建立的一种社会文化体系。农村社区是相对于城市社区而言的。农村社区除具社区的一般特性外，与城市社区相对应还具有下述特点：其一，居民从事的职业主要是农业，从而具有特殊的业缘性；其二，人口密度低，居住相对分散，流动性小，从而表现出一定的封闭性与内向性；其三，自然环境对农村社区的直接支配作用较强，经济活动具有地域性，人际关系具有地缘性；其四，家庭是农村社区的中心，因而表现出血缘性与亲缘性；其五，强烈的乡土观念与认同感。

农村社区及其特征，对农业经营组织的性质具有怎样的影响呢?我们主要从亲缘、地缘与业缘来进行分析。

农民在农村社区中的参与行为或表现其间的社区交易方式，主要是业缘、亲缘与地缘三种形式。而以业缘群体、亲缘群体与地缘群体所表现的集体行动方式，则对农业经营组织具有重要影响，从而从一个方面决定了农业经营组织的特殊性。

1. 业缘关系

业缘是指人们根据一定的职业活动形成的特定关系。所以业缘关系是建立在职业或分工分业基础之上的。市场规模的扩大、分工水平及其专业化发展，会导致业缘交往的扩大。

业缘交往的扩大表现为几个方面。

第一，市场获利机会的增多，市场交易的机会与频率加大，使农户间的经济交往关系越来越密切。

第二，交往范围扩大。本社区解决不了的问题就到集市上去寻找答案，农民相互间解答不了的难题就去请教专业技术人员。

第三，就业机会的增加使农民职业分化加快，从而业缘交往得到发展。

第四，农村劳动力外流则拓宽了农民的社会交往。

在传统农业社会，农民的业缘交往主要表现为集市参与；在非农产业发展的条件下，农民的业缘交往不仅表现为集市参与，还表现为分工参与、职业参与以及更广泛的商业参与。

业缘关系的扩大突破了农村社区的封闭性；农村社会由土地维系到经济活动维系的转变，使亲缘关系与地缘关系的壁垒正被冲破，从而推动了产业经济组织的发展；农民的社会交往由于业缘关系的扩展使之开始由伦理型交往向法理型交往转变。

2. 亲缘关系

亲缘是指包括血缘和姻缘在内的社会关系。亲缘群体的主要形式是家族和亲族。在人民公社时期，亲缘群体的经济功能基本消失，但在家庭经营条件下，亲缘关系的经济功能大大加强，成为农户互助合作的重要纽带。表 2-1 说明：第一，亲属家庭在农业生产和工副业生产方面的合作倾向均比非亲属家庭合作要高；第二，亲属家庭在非农领域中合作相对比农业领域中的合作有所下降。如果说农业生产强化亲属关系的话，非农生产则有弱化亲属关系的趋势。

表 2-1　各类家庭在农业及工副业生产中的合作情况

	亲属家庭之间		非亲属家庭之间	
	合作对数	百分比（%）	合作对数	百分比（%）
购置牲畜农具	168	73.7	60	26.3
工副业生产	27	57.4	20	42.6

总体上来讲，农民经济自组织倾向于亲属关系，这与亲缘之间的相互信任与忠诚有关。看来亲属关系在农民经济自组织中表现出独特的作用。

（1）亲属关系是一种重要而可靠的农民组织资源。

（2）亲属之间的情感认同与相互信任，大大降低了合作的谈判成本，易于达成合作契约。

（3）亲属之间的密切交往，使相互间信息较为对称，降低了合作对象的搜寻成本。

（4）亲属关系所形成的文化氛围大大激励了声誉效应，从而在多次博弈预期下会降低合作的实施与监督费用。

（5）亲属关系还会为亲属间的合作成功提供一种保障机制。

因为亲缘关系是通过长期的"串亲戚"的"投资"活动来维系的，一旦合作一方试图采用机会主义行为时，被侵害的一方可能退出与之建立的亲缘关系。从而一方面行动一方不仅会支付高昂的沉没成本（维系亲缘的投资）；另一方面还会降低其在亲缘群体中的声誉，这种被"挤出"的机会成本无疑构成了重要的约束机制，从而为亲缘间的合作提供了保障。因此，亲缘群体在农业经营组织中往往会构成制度安排中的第一行动集团。

当然，在非农业生产中，由于其活动区域的开放性与交易的广泛性，所以亲缘关系在其中的重要性相对有所降低（但仍占主导地位）。工副业生产中非亲属家庭之间的合作相较于农业中的合作要高，原因在于：第一，市场行为更倾向利益尺度，感情因素受到排斥；第二，亲缘之外的合作互补性强，更能发挥比较优势；第三，商业行为容易冲击感情，为避免损伤亲缘关系，而选择外部人进行交易；第四，非农生产的开放性在打破社区封闭性锁定的同时也扩大了合作对象的选择机会。

3. 地缘关系

地缘是亲缘的补充，是亲缘在地域上的投影，因而地缘是一种天赋性的人际关系。在传统农村社区，农户结邻而居，因而在区际相互隔离或相对封闭的条件下，邻里间的相互交往就构成了地域群体参与的主要形式。地域群体是指以村落为边界的区域基础上形成的群体。在经济组织上，亲缘关系更多体现为亲族群体内的互助合作，有利于互助组、换工队、帮工队等小型组织形式的形成；而地缘关系则有利于合作社、农协、农会等正规组织的形成。

地缘是一种社区，它不但意味着同一地理范畴，而且要求超越亲缘关系的团体感情，有对社区存在和社区身份的内在认同。

地缘参与不仅是满足农户社会交往和情感交流需求的重要形式，而且也是农业经营组织构建的重要组织资源。这种资源的经济有效性表现在：其一，长期的高频率的互动（所谓"低头不见抬头见"），不仅增进了认同感，从而降低了达成一致行动的交易成本，而且相互了解使信息较对称，也可节约合作行动中的组织成本；其二，对环境与获得机会的共同感知，长期博弈、学习形成的地域文化，可以强化地缘感作为意识形态的制度性功用；其三，地缘关系是农户获取外部信息的一种重要节约机制。

4. 社区性与农业经营组织

费孝通先生在 20 世纪 40 年代分析中国农村社会关系时，曾指出中国农村的社会关系是"……自我主义，一切价值是以'己'作为中心的主义"。以"己"为中心，像石子一样投入水中，和别人所连接成的社会关系，不像团体中的分子一般在一个平面上的，而是像水的波纹一般一圈圈地推出去，舆论愈推愈远，人情也愈推愈薄。[①]这就构成了所谓的"差序格局"。

农业经营组织的发育也呈现明显的差序格局，如图 2-3 所示。从社会参与行为来讲，是以农户为中心，沿亲缘、地缘、业缘三层波轮外推的差序格局。

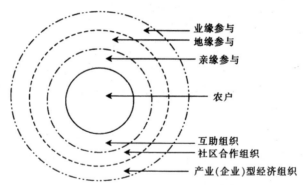

图 2-3 农户参与行为及其经济组织的差序格局

由亲缘参与构成的互助组织，既满足了农户的社会参与需要与归属感，而且在缺乏社会保障制度的条件下，构建了农户抵抗不确定性与风险的安全机制，其组织功能具有救济性与复合性。

亲缘集团与地缘集团所内含的伦理交往规则，可以有效发挥非正式制度的制度性功能。在图 2-3 中由中心向外，农户的参与行为越来越单一，进入退出的选择空间更大，经济功利作用越发增强，组织目标也越发明确。从图 2-3 中的圆心向外，组织封闭走向开放，组织的经济效率提高（基于分工），组织的社区稳定性则下降，但契约的完整性增强；组织自律性下降，

[①] 费孝通. 乡土中国[M]. 上海：三联书店，1985：25.

他律性上升。

我们倾向于认为，亲缘关系与地缘关系是农业经营组织发育不足的重要补充形式。

（三）可过渡性

一个制度安排的过渡性质，主要由两个方面标识：一方面，它是衔接两种不同制度安排的中介形态；另一方面，在它的规则中有一种性质，使得它的运行和发展会在较短的时间内导致对它自身的否定。

如果说家庭经营制度解决了农业劳动中的监督与计量问题，从而有效地节省了内部组织管理成本，那么随着农业商品化水平的提高与交易规模（活动）的增加，显然面临着越来越高的交易费用。所以家庭经营可以解决农业中的生产问题，却无法解决市场问题。因此，农户在生产的同时从事农产品销售，无疑具有制度安排的可过渡性。

首先，农户获得的产品处置权（自由销售）及其收益权，无疑是计划体制下统购制度的重大变迁，但因其弱小的谈判能力、信息劣势等方面造成的高昂市场交易费用，使之具有创新潜力。所以农户自营产品是统购制度向专业性营销制度之间的一种过渡性制度安排。

其次，在改革初期，农产品短缺与农产品的需求高涨，加之农户产品的较少剩余，所以处于卖方市场的农户较易出清手中的产品，但农业的迅速增长，很快使农产品出现了"卖难"，从而很快导致对农户自营产品的有效性的否定。事实上，从农户角度来讲，农产品运销可以有多种过渡形式。如"产地专业市场（批发市场）+农户"；"农户+专业（合作）运销组织"；"公司+农户"等。"产地批发市场+农户"是较为典型的市场交易型组织制度安排。"专业运销组织+农户"与"公司+农户"，可以是"个人分包制"，也可以是"个人聚集体制"，还可以是"内部分包体制"。

第二节　新型农业经营组织构建的影响因素

一、市场结构对农业经营组织构建的影响

（一）产品标准化程度影响组织市场接入

所谓产品标准化，是指产品的类型、性能、规格、品质、所用原材料、

工艺装备和检验方法等确定统一标准，并使之贯彻的过程。由于绝大多数农产品在生产过程中无法实现类似于工业制品那样的完全标准化，因此农产品在走向市场的过程中往往需要按照质量进行分类，不同质量分类下农产品的市场价格具有差异性。受到自然条件及农业生产特性的影响，不同农业产业中农产品的标准化程度不同，且农产品的标准化特征更多地体现为内在品质，这使得农产品在直接进行市场交易时容易出现信息不对称问题。信息不对称指的是交易各方掌握着对方无从知晓的私人信息，即交易各方对交易物品所掌握的信息数量不等。市场交易中经由农产品的标准化特征所造成的信息不对称具体表现为：一方面，与市场（客户）相比，农户往往拥有其生产的农产品内在品质方面的更为丰富的信息；另一方面，与农户相比，市场则更能清晰把握不同质量的农产品价格。从理论上讲，在信息不对称的条件下，基于对自我利益的考虑与追求，交易双方可能通过欺骗、说谎等手段隐瞒信息以达到获利目的，从而在交易中产生机会主义行为。机会主义行为指的是交易双方为了追求自身利益而采取欺骗方式或掩盖信息的一种策略行为，其在实践中可分为两种：一种是采取故意隐瞒事实、扭曲信息等方式，导致彼此之间存在不信任与怀疑，从而使得交易过程缺乏效率；另一种是提供错误或者不正确的承诺，使得交易过程变得更加复杂与不确定。在信息不对称的背景下，如果双方直接进行市场交易，信息不对称在市场上的扭曲可能会使市场处于失灵状态，即交易过程中拥有优势信息的一方能够利用对方的"无知"来侵蚀其利益，而处于劣势信息的一方也并非总能被蒙骗，其可能会对双方的交易持质疑态度，从而使得原本有益于彼此的交易难以实现，或者即便是最终实现，交易绩效也会很低。这体现出信息不对称对于交易机制的破坏性。

进一步分析，在交易过程中，无论对于农户还是市场来说，交易双方有可能利用产品质量或价格方面的信息优势，采取为自己谋取更大利益的投机行为，这意味着农产品直接通过市场进行交易不一定是效率最优的。有的学者认为农产品所具有的信任品特点，使得农户在交易市场上容易出现逆向选择行为，即由于农产品质量检测困难，农户无法确定自己提供产品的质量是否符合要求。农户在与市场发生交易时所处的价格信息弱势地位，容易引发农产品市场的道德风险，即掌握丰富信息的客户在逐利过程中故意下压农产品收购价格，进而对农户利益造成侵害。因此，在农产品走向市场的过程中，信息的对称性有利于交易的顺利进行，那么在产品标准化程度不同的情境下，如何将农产品的质量与价格信息分别有效传递给市场和农户，就成为农业产业化实践中的重要问题。信息经济学理论认为，如果在交易过程中以某种组织关系形式替代直接的市场交易，则可以实现信息不对称性的有效降低。立足于此，由于不同农产品标准化程度的差异，使得交易过程中信息不对称的表现有所不同，这意味着经此产生的农业经营的组织形态各有差异。也就是说，销售环节的农产品标准化程度能够影响到市场的接入方式，进而对农业经营组织的形态起到不同的塑造作用。

（二）市场供求规模影响农产品组织方式

农产品市场是由农产品需求和供给两方面组成的，需求是在一定时段内，消费者在一定条件下资源且能够购买到的产品量；供给是在一定时段内，经营者在一定条件下自愿且能够出售的产品量。从市场结构的概念上看，交易双方左右产品数量的市场能力也是市场结构的重要体现，因此农业经营组织过程的市场结构分析离不开对农产品供求规模问题的探讨。关于供求规模对于产业纵向专业化分工的影响研究，一方面，新古典经济学利用"规模经济"来分析专业分工问题，并将生产规模视作分工程度的决定性因素，认为专业化分工的前提是因生产规模扩大而产生的经济性。某些生产要素（厂房、机械等）只有达到一定的规模才能被有效利用，假如生产规模较小，上述生产要素无疑会被切割成更为细小的单位，进而可能会导致它们在生产中无法被有效利用，所以规模经济（规模报酬递增）缘起于生产要素之间的分工与协作。另一方面，与新古典经济学着眼于单个企业的内生规模不同，新兴古典经济学在对整个产业进行超边际研究时发现，随着产业发展所带来的市场规模的扩张，专业化分工程度将会上升，由此造成整个产业生产效率提高的现象被称为外生规模经济效应。对产业发展周期与专业化分工关系的研究发现，产业发展初期的专业化程度较低，但随着市场规模的扩大，中间品供应商陆续进入市场，产业的专业分工水平不断提高，而产业发展的衰落又使得专业化程度逐渐回到最初状态。

上述观点分别从生产规模与市场规模对产业发展的专业化分工问题进行论述，从而为探讨产业化实践中农产品的供求规模特征与专业化分工的关系问题奠定了理论基础。从理论上讲，分工带来了专业化经济，其所产生的后果是很少有人在经济上是独立存在的，即没有哪一个生产者能够生产出他们所需要的所有产品与服务。为了得到所需要的产品与服务，他们不得不从具有其他专业技能的生产者那里换取，无论何时只要产生交换，就可以称之为一次（经济）交易。随着分工与专业化生产，建构一张交换网络具有必要性，其可以用来调配现存的可能产品与服务。关于交易如何得以有效实现的问题，一般情况下认为交易会发生在市场上或经济组织内部，具体选择何种协调方式则与交易成本有关。在科斯看来，在市场经济中运用价格机制的成本即为交易成本，重点包含有交易对象的搜寻成本、契约商谈成本以及监管契约执行的成本。交易究竟发生在市场还是组织内部，其边界在于市场交易成本和组织管理成本的比较，如果交易成本低于管理成本，行为主体则会通过市场交易手段将成本较高的环节市场化；如果交易成本高于管理成本，那么寻求最优效率的结构就是运用组织协调的方式取代市场交易。基于此，威廉姆森指出进行交易协调的组织形态的选择取决于交易成本的大小，而决定交易成本大小的因素可从资产专用性、不确定性、交易频率等三个维度加以概括，如对于资产专用性程度高、不确定性大以及多频次进行的交易来说，所选择的规制结构应与纵向一体化的组织形态匹配。专业化分工条件下交易协调方式的选择，本质上是交易各方追求利益（效率）最大化的结果，即参与交易的各方利益均得到有效满足。综上，可以将销售环节农产品的标准化特征引入农业经营组织过程分析中，以此探讨农业产业化的组织形态生成逻辑。

二、劳动过程对农业经营组织构建的影响

组织生态学将组织本身视作组织生态系统建构过程的重要参与者，认为组织能够创造条件来与外部环境进行资源交换，并根据当前环境的特征主动做出回应。从这一角度出发，环境对组织生态系统的影响不完全是一个独立的外生变量，也能够成为组织加以利用的内生变量，这让学者们看到了组织采用各种战略来改变自己，选择环境和适应环境的可能性。组织生存的核心在于持续获取资源的能力，这在某种程度上体现为组织与外部环境的互动谈判能力，因此组织应该不断调整自身结构和行为方式，从而取得并维系源自外部环境的资源，并使依赖最小化。任何一个产业的发展应该与其所处环境共同进化，与生物种群所不同的是，企业或个人都可以理性地塑造产业共同体的关系架构，并使产业化的组织生态系统达到有序运转状态。可以看出，产业的发展虽然需要外部环境的资源输入，但其并非被动接受外部环境的建构，各行动主体在利益一致性的基础上能够对环境的建构要素做出理性选择，这里的理性主要是强调为了能够实现自身目的而以某种途径组织起来的一系列行动逻辑，即可以将产业化的组织形态视作一种为了完成特定目标而设计的工具，目的在于追求生产效率的最大

化。因此，在农业产业化实践中，农业经营主体基于自身的生产优势所进行的组织安排，对于农业产业化的组织形态生成具有重要影响。那么，关于农业经营主体在产业组织过程中如何根据生产优势做出理性选择，可以从农业产业化的劳动过程进行理解，即从各个生产环节对农业经营主体经由理性选择所形成的组织关系做出动态性把握。

从理论发展脉络上看，关于劳动过程的研究肇始于马克思，认为资本主义剥削的实质隐藏在劳动过程之中，技术进步成为资本支配、剥削工人的"帮凶"。马克思通过探究资本主义生产方式的内在逻辑，明确指出依据技术分工所体现出的制度安排上的差异，可以将资本主义劳动过程概括成工场手工和机器大工业两种组织方式。关于工场手工劳动，传统工具与工人技艺构成了这一时期主要的技术资源，工人依据自身知识或经验就能具备不同的生产技能，从而可以独立完成多种技术岗位上的工作任务，技术分工的模糊化使得资方只能在现场监督工人的劳动，这意味着工人凭靠私有技能成功实现对于劳动过程的控制，并以此形成了反抗资产阶级剥削的主要手段。另一方面，与传统工场手工劳动相比，在机器大工业的劳动过程中，随着专业化生产的要求越来越高，现代化的机械与机械操作工构成了生产技术的主体，而且机械的规模化应用减少了单位产出的劳动投入，失业威胁使得工人对资本家进一步表现出驯服态度的同时，也丧失了对于生产过程的控制力，由此形成与机械化技术相匹配的工厂制度。可以看出，马克思不仅将技术进步视为促进劳动过程转换的基础，而且还认为技术形成具有深刻的阶级属性。

为了进一步阐明资本在劳动过程中如何实现对工人生产活动的控制，即劳动殖民的具体机制问题，布雷弗曼（Braveman）在后续研究中扩充了马克思的技术生成内涵，不再单纯包含生产机械的发明与创造，更在于科学管理方法的应用。他指出资本主义发展到垄断时代后，规模化的机械使用和管理上的泰罗主义，致使构思劳动的主体与执行劳动的主体发生分离，工人在生产上的知识与技能逐渐被替代，对劳动过程的控制权自然随之转让，由此形成资本对于工人的专制体制。具体体现为，资本集中劳动过程的知识并进行专职化管理，打破了工人在生产技能上的垄断，这使得对劳动过程及其结果的理解由资方完成，资方凭借知识垄断对劳动过程步骤与执行方式进行控制，其造成的结果是资本主义私有制在技术协助下将工人塑造成劳动指令的简单执行者。在此基础之上，布洛维（Burawoy）批评布雷弗曼将劳动过程视为"无主体"的客观过程，忽略了其中的主观因素，并认为垄断资本主义的劳资关系并非体现为赤裸裸的剥削与反抗，它表现得异常隐秘，工人的同意与资本的强迫一样重要。为了将工人的主体性带回劳动过程之中，他提出"赶工游戏"来探讨劳动和技术的关系，为了获得超额利润，资本主义生产现场的工人热衷于竞赛赶工，独特的"厂房文化"使他们能从生产工具的有效操作中获得自我独立体验。正是这种赶工游戏无形中制造了工人对剥削的"同意"，这种霸权式的"工厂政体"使得工人"积极参与了对自己的剥削"，资本在获得剩余价值的同时，还成功掩饰了其生产关系的本质。

从方法论意义上进行认识，劳动过程分析需要回归到对于工作现场与劳动过程本身的兴趣，即可以将劳动过程视作生产的组织过程，其本质上体现为劳动与技术的双重转化过程。在劳动过程理论看来，技术进步构成了劳动方式转换的主要动力机制。在传统手工时代，工人劳动与生产技能处于高度结合状态，工人的私有技能使其在劳动进度和劳动时间上具有相对自主权。随着技术进步，尤其是大规模机械化技术的应用，生产效率的提升废除了手工业原有的技术分工。工人的生产技能逐渐被机器取代。工人劳动化为机械手臂的单纯延伸，由此进入机器大工业时代。延续技术变迁的分析线索，布雷弗曼认为资本主义由竞争发展到垄断阶段，体现在劳动过程中的显著特点就是"工人劳动的去技术化"。进一步解读，工人劳动与技术的分离将生产工序机械化，劳动过程无须依赖经验、传统与工人的特殊技艺，工人只须等待技术部门的指令并依规定程序执行即可，由此形成的劳动分工可概括为"概念"与"执行"相分离，资本通过技术垄断实现了对劳动过程的控制。也就是说，随着资本主义社会的不断发展，技术变革冲破了传统生产方式的束缚，进而将劳动过程细化成不同的独立环节，这种生产环节的可分性完成了"局部工人"的生产，即依据各环节的劳动属性对工人进行管理与使用，劳动过程逐渐得以客观化。

从上述论述中可以看出，资本主义劳动过程的历史变迁存在着劳动与技术相分离的这一总体趋势。既然冠之以"分离"一词，那也能够说明两者曾结合在一起，而工人劳动与生产技术的高度结合，正是布雷弗曼多次提及的资本主义早期阶段的工匠传统。工匠传统代表着工人对于生产知识的全盘掌握，资本只是规定与监督生产任务，其无法对工人的生产进行直接干预，使得尚未分解的劳动过程依然由工人所控制。这提示我们在对事物生产的特定劳动过程进行分析时，需要从劳动与技术的互动关系入手，两者之间不同的关系状态对于事物的生产组织方式具有不同影响，劳动与技术的互动关系在上述意义上具备了动态性特征。基于此，具体到农业产业化的劳动过程的探讨中，可以将农户劳动与生产技术的分离程度作为解释变量，通过分析特定生产环节的劳动与技术要素的互动关系状态，尝试揭示农业经营主体在产业化实践中如何基于专业分工实现有效率的互动联结，从而对不同类型农业产业化的生产组织方式做出讨论。

三、社会资本对农业经营组织构建的影响

在农业经营组织过程中，农业经营主体合作关系的稳定发展得益于关系治理机制的有效运作。既然关系治理对于农业产业化的组织形态的生成如此重要，那是不是意味着关系治理在不同类型农业经营组织过程中都有相同的运作机制与运作效果呢？答案当然是否定的。从社会学意义上讲，关系治理机制在农业经营组织过程中的有效运作离不开社会资本的积累，由于不同类型农业产业化实践中社会资本形成路径与积累数量方面存在差异性，这使得社会资本有能力实现对于农业经营主体组织关系的差异化塑造。在农业产业化实践中，所谓社会资本是指嵌入于农业经营主体之间或整个农业产业化的组织网络关系中的能够体现相互信任、认同、承诺以及相互了解的关系资源的总和，其不仅适用于个体层次，更可理解或诠释为组织性现象。可以看出，社会资本是影响农业产业化的组织形态发展、绩效与农业经营主体满意度一个重要变量，它以信任、承诺、文化、网络等要素形式嵌入农业产业化的组织形态之中，其实质上涉及的是农业产业化的组织认同议题。作为一个抽象性概念，组织认同指的是组织个体在思维和行动等各个层面与其所属的组织存在高度一致性，而且成员认为自身对组织既存在正式的契约感与责任感，也存在非正式的归属感与依赖感，及其在上述心理基础上所呈现出的对组织活动全心全意的行为结果。也就是说，组织认同体现出的是组织个体和组织环境的关系，是组织个体依据一定标准（如经济利益的满足、社会地位的获得）在组织环境中寻求自我概念的一个过程，它强调个体对组织的归属感与一致性。值得注意的是，组织认同中的"组织"不仅仅是指组织实体，其还可以代指组织现象。以此为基础，本研究界定的新型农业经营组织认同指的是农业经营主体对于农业产业化的组织形态的认可或归属感，这里的认可或归属感既包括某种组织形态对于农业经营主体的意义（物质的、社会的以及文化上的意义），也包括农业经营主体对于某种组织形态下的治理过程与结果的认可。可以看出，关于农业产业化的组织认同的影响因素有很多，农业产业化的组织形

态所能提供给参与者的不仅仅是直接的经济利益，即农业经营主体对于经济利益的追求只是组织认同形成的必要条件而非充分条件。除此之外，组织声誉、人情关系、文化观念、价值满足、信任互惠以及有效沟通等因素也会作用于农业产业化的组织认同过程，而上述诸多非正式治理要素作用的发挥则依赖于农业经营组织过程中社会资本的积累。由此看来，有必要将社会资本作为重要变量，对农业产业化的组织认同问题展开探讨。

20世纪初期，汉尼芬在社区教育体系改革的研究中首次提出社会资本概念，随着80年代个体主义的兴起，学界掀起了社会资本的研究热潮。其中，法国社会学家布迪厄（Bourdieu）最早对社会资本进行系统性研究，其将社会资本定义为实际或潜在的资源总和。资源通过一定程度制度化的相互熟知和彼此认同的关系，建构起某种长期稳定的关系网络，经由此种关系网络能够给予成员行为以支持。就布迪厄的观点而言：社会资本是一种资源，行动者能够经由调动或运用这种资源来达成某种目标。行动者只有获得成员身份，才可以调动或运用社会资本。社会资本表现为一种制度化的社会网络关系，此种关系可以通过行动者之间持续性的互动行为得以加强与保障。可以看出，布迪厄主要从社会网络分析的视角对社会资本进行理解。在此基础之上，科尔曼（Coleman）进一步扩展了社会资本的概念，他从功能主义的视角进行阐述，指出社会资本是存在于个体自身的、体现为社会结构资源的资本财产，其同时具有社会结构与公共物品的双重特性。具体来说，社会资本是由社会结构的相关要素组合而成，其存在于社会关系网络之中，不只能够给结构内部的个体行动带来方便，更是解决集体行动问题的重要资源，主要表现为社会结构中的义务、期待和信任，以及信息网络、规范与有效认可等多种形式。上述不同的社会资本概念无疑都瞄向了一个基本的理论命题，即社会资本留置于行为主体的网络结构性行动之中，通过降低复杂社会系统带来的不确定性，以期顺利实现社会资源的交换。接续自科尔曼的观点，帕特南（Putnam）把社会资本放置于更为宏观的公共治理与民主发展的视野中加以探究，认为社会资本指的是包含网络、信任以及规范的社会组织的特征，其能够促使行动者展开更为有效的合作以达成共同之目标。他进一步指出，社会资本同时具有公共物品与私人物品的属性，即社会资本既是一种可供个体运用的资源，又能在群体合作追求共同目标时产生助益。从上述论述中可以看出，虽然学界对于社会资本概念的诠释不全然一致，但从中可以了解到，社会关系、信任机制和社会规范乃是组成社会资本的关键内涵。进一步分析，社会关系作为行为主体间建立联系的平台，其是社会资本作用发挥的基础性条件。信任机制则是社会资本运作的必要条件，如果缺乏信任作为人际互动的基础，社会关系的建立将失去依靠；社会规范则是网络成员所共同拥有的非正式行为特征，其亦是维持社会秩序不可或缺的要件，且能够左右网络成员的情感与行为。因此，如果从社会资本的角度对农业产业化的组织认同问题进行探讨，可以分别从社会关系、信任机制、社会规范等三方面，去探寻在农业产业化的组织形态生成逻辑中社会资本发挥作用的条件与机理。

首先，作为一种社会财产，社会资本通过行动者（个体或组织）所在的社会关系网络的联系和资源发挥作用。社会关系网络代表着正式性较弱的社会结构，它是指行动者之间因为长期互动或接触所产生的一种纽带联系。由于权力、声誉、信任等要素资源往往存在于社会关系网络之中，行动者只能透过直接或间接的社会关系来进行获取，这表明社会关系网络不仅使得参与其中的行动者能具备利用社会关系取得各种稀缺资源的能力，还可以为行动者带来通过其他途径难以取得的有关机会与选择的有效信息。在此基础之上，行动者通过业已存在的社会关系来获得行动所必需的信息资源，从而增强自身的行动效果。对于信息资源在社会关系网络中的传播机制探究，格兰诺维特将社会关系做了强弱区分，提出"弱关系充当信息桥"的判断，认为弱关系能够把其他群体的关键信息传递给不属于该群体的行动者。波特提出"结构洞"的概念对市场经济中的竞争行为进行了阐释，指出在经济组织中，竞争优势不仅仅体现为资源优势，更重要的是关系优势。由于结构洞能为占有者提供信息交换与信息控制两方面的便利性，这使得占有结构洞越多的行动者在经济活动中的关系优势越大。从上述论述中可以看出，行动者之间网络位置的不同意味着他们在运用社会关系以获取资源的能力与方式上的差异性较大；与此同时，社会关系网络中信息资源的传递意味着行动者之间信息不对称程度的降低，进而能够减少互动合作过程中投机主义行为的发生。基于此，在农业经营组织过程中，社会关系网络位置的不同使得部分农业经营主体处于网络节点的优势位置，农业产业化的相关信息与资源通过上述网络节点的传递，在增强其他农业经营主体目标实现或资源获取能力的同时，也使得彼此之间的行为具有可预测性，这种嵌入于具体社会关系网络中的规范行为最终维护了某种组织（经济）秩序的存在。

其次，作为社会资本的关键要素，信任机制成为人们在社会关系网络中形成有效接触的基石。信任不仅仅是社会资本的核心内容，还可成为社会资本存在的前提。这里的信任指的是处于社会关系网络中的行动主体对彼此常态、真诚与互惠行为的正向期待，其建基在网络行动主体共有的行为规范之上。立足于上述观点，如果社会关系网络中的成员开始相互期待彼此的行为取向将是正当可靠的，那么成员之间会由此产生较高程度的信任感，这种信任如同润滑剂一样，能够导致成员所在组织的运作变得更具效率性。从经济运行的角度来看，人们在这一领域最基本的行为就是交换，而交换行为能够有效实现的前提是双方必须建构某种程度的信任关系。进一步分析，经济信任的获得，可以发现彼此信任的前提主要是依托人们生活中的社会交往，镶嵌在社会关系网络中的信任机制最为牢固。在彼此信任的前提之下，交换双方会倾向于形成长期合作意向，并主动做出体现诚信的行为，进而促进经济绩效的提升，这是信任机制发生作用的一般机理。在经济交换过程中，能够指导人们交换行为的不只是正式契约制度，人们之间非正式的个人关系与规则在很多情况下也决定着经济过程，而"信任"则是我们理解上述非正式路径功能发挥的关键概念范畴，即信任本质上是经济交换双方坚守诚信、履行承诺。在农业经营组织过程中，面对不确定性的交易情景，正式契约的执行存在固有局限，那么如何才能顺利实现农产品有序走向市场？此时农业经营主体之间的稳定关系则会发挥重要作用。进一步分析，紧密人际关系下的农业经营主体对彼此的行为有着稳定性预期判断，使得他们对于农产品交易规则有着共同理解，避免了不确定性交易情境中类似陌生主体之间的互不信任，而这种基于信任关系的交易行为一定程度上突破有限理性的约束，从而减少农业经营组织过程中的交易成本。

再次，作为社会关系网络中行为主体对非正式行为准则的共同理解，社会规范也是构成社会资本的重要因素。社会规范概括是一种广泛性的认知或假设，而这种认知或假设能够反映出社会群体的特定行为模式，是在进行价值、信仰与意义构筑的过程中所展现出的社会建构系统，包括文化观念、道德伦理、风俗习惯等要素。当某种行为模式在社会中取得"合法性"之后，如果组织或个人行为在实践中发生了偏离该种模式的情况，那么这些组织或个人可能都会为他们的偏离行为付出程度不一的成本与代价。如果将社会资本视作一个社会所拥有的"非正式规范"，包括共享的知识、文化、规则和期望等，它们往往与遵守诺言、承担责任以及互惠行为联系在一起，其作用机制可以概括为：通过建构行为主体自觉效仿的标杆来激励信任行为的产生。运用社会惩戒以限制自利或欺诈行为的发生，从而使某些行动目标更容易实现。可以看出，将非正式规范视作社会资本的主要来源，这里的非正式规范实质就是社会规范的意涵，一方面，社会规范通过奖惩机制的实施最终形成利于行动的社会资本，成为行动目标达成与集体秩序维系的重要前提；另一方面，社会规范与互惠行为存在正向反馈关系，基于共享的交换规则，即便付出成本且在可预期时间内得不到任何回报的情况下，人们仍愿意与他人展开合作，因为其认为他人也会在后续交换中表现出类似的互惠行为，而重复性互惠行为的发生反过来又会加深彼此对于交换规则的认可度，这对于"搭便车"问题的解决来说是必不可少的。在农业产业组织过程中，合作互惠的持续进行离不开农业经营主体所共享的社会（交易）规范，它允许农业经营主体对彼此的行为取向有着正向性期待，并且在信息不完全或缺乏正式制度约束的情况下遵循"规范"原则进行交易。进一步分析，社会规范通过奖惩机制在对遵守"规范"的主体进行经济、信誉、合作机会等（非）物质奖励的同时，也可能将（故意）破坏"规范"的主体排除在关系网络之外，使得社会规范的奖惩机制实质上具备一种抵押性质，能够增大农业经营主体的违约成本，有利于减少农产品交易中道德风险发生的概率。

第三节　新型农业经营合作组织

一、"新一代合作社"问题的提出

新一代合作社（New Generation Cooperatives NGC），是美国新型合作社组织形式之一，最早产生于 20 世纪 90 年代，大部分出现在美国中西部靠北的一些州，如北达科他和明尼苏达州。其中，最有名的是北达科他州种植者面食公司。与传统合作社相比，新一代合作社是适应现代农业纵向一体化要求而出现的组织创新，也是农业产业化经营的一种方式。它并不是一个法定的特殊组织架构，而是对传统合作社的一种创新和完善。

新一代合作社的产生是耐人寻味的。大部分新一代合作社是替代退出的投资者企业（IOF）而产生，或者从事"小生境"市场的农产品加工演变而来。观察由 IOF 转变为 NGC 导致的变化，揭示其演变机理，并试图从"制度安排的相容性"的角度阐释新一代合作社组织结构相对优势的潜在来源。

"新一代合作社"的特征主要表现在以下几个方面。

（一）以"股资—利润"为主要取向

与传统合作社以服务为宗旨和广泛的服务内容相比，新一代合作社的一个很大不同是它经营的产品单一和加工价值取向。传统的合作社主要是满足社员的服务需求，合作社就好像是合作社社员的仓库，社员把生产的各种各样的初级农产品都交给合作社，由合作社去加工或销售。而新一代合作社通常只是经营一种农产品，只接受事先与社员商定的特定数量和种类的农产品，然后进行加工和销售，使其增值，并让社员分享增值的收益。

（二）以交易份额制为主要前提条件

新一代合作社的主要业务是对某一种原料农产品进行加工，使其增值，合作社根据加工能力来接受社员的原料农产品。一个农场要成为新一代合作社的社员，就须得购买合作社的原料农产品交易份额或交易权。这个交易权实际是新一代合作社与社员之间的合约，它规定了合作社与社员双方各自的权利和义务。社员必须交给合作社规定数量和质量的原料产品，合作社必须接受社员按合约规定交售的特定数量和质量的原料农产品。这种做法有效地防止了传统合作社开放社员制和不限制社员交易量所导致的合作社生产规模不佳以及生产能力和供给过剩。新一代合作社通常对社员个人的最高份额和最低份额会有一个限制，以免合作社受个别成员的左右或控制。如果社员生产的农产品低于合同规定的份额，他必须从别处购买予以补齐。如果社员不能或不愿补齐，则由合作社购买补齐，但所有的费用由社员承担。年终，新一代合作社在扣除成本和提留后的盈余按社员的股份分配对社员进行分配，从而实现了社员权利与资本权利的联结。

（三）以封闭社员资格为主要产权结构

新一代合作社与传统合作社的区别主要在于产权结构。新一代合作社有界定非常清楚的封闭的社员资格政策，有社员剩余索取权的二级市场，对赞助人和剩余索取者身份进行限制，并有可实施的社员事前承诺机制。而传统的合作社产权结构的特征是开放的社员资格，资本来自赞助人那里得到的收入以及不能流动的所有权。

（四）突破区域限制，以全球为服务范围

传统的合作社通常是服务于周围的人，因而具有明显的地域性；而新一代合作社加工单一的原料农产品，其成员突破了地区的限制，甚至越过

了国界。如美国北达科他州的一种仓鼠加工合作社，其成员大量来自相距甚远的佛罗里达州，甚至加拿大。

二、"新一代合作社"组织结构的相对优势

（一）机制健全，运行效率提高

随着经济的发展，新一代合作社的运行机制更多地借鉴了股份制企业的现代管理制度，权责明确，政企分开，有助于民主管理原则的实现和商业化的运作。比如在筹资机制上，合作社中普遍引入股份制公司筹集社会资本的做法，允许外来资金投资，扩大合作社的集资范围；在决策管理机制上，不再严格遵循"一人一票制"，实行按投资额大小分配投票权的办法，把表决权与投资额结合起来，同时，外聘专家对合作社实行专业化管理等。运行机制上的灵活创新，大大提升了合作社的经营效率和竞争力。

（二）成员资格封闭性保证了合作社经营的高效益

与传统合作社社员入社自愿、退社自由的开放原则不同，新一代合作社具有封闭性。新一代合作社根据合理的经营规模确定资产总股本和接受社员的数量，并按社员持股数量确定其产品限额。社员可以退社，但不能退股，社员的股金或剩余索取权可以在内部转让，股本相对稳定，因而能够保证合作社在高效益的情况下运行，有效防止了加工能力和产品供给过剩导致的经营效益下降。

（三）开展农产品深加工业务实现垂直一体化经营

这是新一代合作社有别于传统合作社的核心特征。传统合作社往往是综合性的，向社员提供广泛的服务内容，包括产前、产中和产后的系列服务，附加价值不高，利润提升空间有限。"新一代合作社"经营的产品单一，更加关注专业化生产，追求农产品深加工和增加附加值。它通常只经营一种农产品，只接受事先与社员商定的特定数量和种类的农产品，然后进行加工和销售，并让社员分享增值的收益。以"投资－利润"为主要取向的新一代合作社与以为社员服务为宗旨的传统合作社相比，能带给农户更大的收益。

（四）购买交易权规定合作社与社员的权利和义务

社员要加入合作社，就须得购买合作社农产品的交易份额或者交易权。社员的交货权取决于其投资的多少，这种交货权既是一种权利，也是一种

义务。社员必须交给合作社规定数量和质量的原料产品，合作社必须接受社员按合约规定交售的特定数量和质量的原料农产品。如果交货不足，社员须根据给合作社带来的损失大小予以补偿。同样，当市场价格低于合作社收购价格时，合作社仍以议定价收购社员的产品。"新一代合作社"中社员和合作社的关系契约化，权利和义务是双向的，双方的利益通过合约的形式得到保障。

三、"新一代农业合作社"对我国农业发展的启示

（一）新一代合作社有利于实现我国农业产业化经营

作为发达国家合作社发展新浪潮的产物，更好地适应了经济活动市场化、现代化、一体化的要求，对于构建我国合作社的制度框架和基本原则富有前瞻性的启示，对于推动我国农村合作事业以及农业产业化经营具有特别重要的借鉴意义。

（二）新一代合作社具有其组织优势，存在其合理的生存空间

新一代合作社组织成功替代了低回报的投资者企业，并成为可持续发展的合作组织。这从经验事实层面证明了新一代合作社的效率特征及其组织结构具有相对竞争优势。从理论推理看，其组织结构的相对优势主要来源制度安排相容性特征。具体表现为，与 IOF 相比，NGC 制度安排更具利益相容性、激励相容性与非正式制度的相容性以及时间相容性。

（三）不同组织形式，在不同环境下可能并存发展，互相替代

从理论逻辑推理看，如果新一代合作社比投资者企业在同一生产领域更具效率特征，有可能取代传统的投资者企业组织形式。不过，本书对于新一代合作社组织结构的潜在优势来源的解释，是从其特定的交易对象与交易环境而言。不然，可以预料的结果是：只见新一代合作社，不见投资者公司。事实上，新一代合作社组织形式的普遍性仍然存在质疑。其一，从生产者的立场看，虽然可获得更高的收益（包括生产收益与加工增值收益），但也陷入了更高的风险；其二，组织规模大小与合作社组织优势之间的问题仍有待验证。社会资本是合作组织形式成功运作的决定性因素之一，但社会资本只有在较小的组织规模内，才更具作用的有效性。由此可见，任何经济组织的制度安排都不可能是十全十美的，在不同环境下，不同的组织形式可能并存发展，互相替代。

第三章　构建可持续发展农业体系

可持续发展农业是一种新型的科学的发展模式，它能够有效地平衡农业发展、资源保护与经济效益之间的关系，是未来农业的发展趋势。加强可持续发展农业的发展，是推进新农村建设、落实科学发展观的必然要求，也是我国农业经济发展中的机遇和挑战。

第一节　可持续发展农业概述

2021年农业农村部、国家发展改革委、科技部等六部门联合印发《"十四五"全国农业绿色发展规划》（以下简称《农业绿色规划》），为农业绿色发展举旗定向。促进农业农村可持续发展，牢固树立绿水青山就是金山银山理念，遵循农业生产规律，注重地域特色，推进农业绿色发展，加强农村生态文明建设，加快形成绿色低碳生产生活方式，走资源节约、环境友好的可持续发展道路。

一、我国可持续发展农业的提出

随着社会的发展，传统农业与社会和经济的发展节奏越来越不一致，因此可持续农业或称可持续发展农业的观念开始出现，并逐渐为人们所接受。可持续发展农业是一种新型的农业发展策略，是指农业生产在合理利用和维护自然资源、保护自然环境的同时实行农业发展体制改革和技术革新，增加农业产品经济附加值。

我国可持续发展农业的探讨开始于20世纪80年代，到现在已经有30多年的时间了。早在20世纪70年代末到80年代初，由于农业政策的变动，一些思想比较先进的农业科技人员，已经意识到传统农业在未来发展中的弊端，开始以户村为单位进行试点，探索和实践生态农业的理论，这是我国可持续发展农业的开端。

在40多年的发展中，我国的生态农业在发展思路上逐渐与国际生态农业结合，初步形成了比较完整的发展体系。

1994 年 3 月，我国政府制定并通过了《中国 21 世纪议程》，议程从我国具体国情出发，充分考虑我国的人口状况、环境状况与经济发状况，明确地提出了人口、经济、社会、资源和环境相互协调、可持续发展农业的总体战略、对策以及行动方案。此外，在"九五"计划和 2010 年发展纲要中对相关的工作进行了详细的部署，这标志着我国可持续发展农业进入了新的发展阶段，向着农业生态化、现代化大踏步地迈进。2021 年国务院关于印发《"十四五"推进农业农村现代化规划》，强调加强国家农业绿色发展先行区建设，探索不同生态类型、不同主导品种的农业绿色发展典型模式，开展农业绿色发展长期固定观测。

二、可持续发展农业的一般模式

（一）立体种养农业

1. 平原区常用模式

（1）农田互利共生种植模式。农田互利共生种植模式是将农田与农业生物，如粮食、蔬菜、菌类、果蔬等作物进行科学的布局，充实每一个能够利用的生态位，并且使它们能够相互利用，以此来达到增加产量、提高农业效益的目的。

（2）种、养结合型模式。种、养结合型模式的核心思想是废物资源化，实现生态产物的多级利用。比如，鸡-猪-沼气-食用菌-蚯蚓养殖模式、鱼-田-蚕-猪-蚯蚓模式等。

（3）种、养、加结合型模式。种、养、加结合型模式是种养结合的基础上，增加农副产品加工或者工业生产这一环节。该模式能够将农业产业链延长，增加农产品的附加值，对我国农业经济的发展和农民收入的提高具有十分积极的意义。

2. 山区常见模式

（1）小流域综合治理模式。小流域综合治理的基础是水土保持，林果种植是整个生态体系的核心。在该模式中，农业种植与水保措施结合施行，从而将单一的农业种植、养殖活动的外延扩大，向着工商业联合经营这一现代化农业发展模式转变，整个生态农业区域将会成为丰收高产的果品、畜牧生产基地，木材、乳制品加工基地。小流域综合治理，应该坚持以生物防治、不新增环境破坏这两个基本原则，将区域内的各个子功能系统有机地结合起来，激发整个治理系统的最大生态和经济效益。

（2）林－果－粮－牧模式。林果体系是生态农业发展中的一种重要模式，该模式将整个山区作为以农业生态系统为规划对象和范围，旨在通过生态产物的利用、生态空间的利用建立起一个综合性的生态农业循环系统。该模式除了能够比较有效地保持水土之外，还能将山地资源进行充分的开发，实现对荒山生物资源的有效利用，增大我国农业可利用空间。一般来说，荒山草坡养禽、山沟养鸡等都属于该模式下的一种生态农业发展模式，在我国部分地区得到了发展。

（3）贸－工农结合模式。农业经济的发展必须与市场结合起来，在生态农业系统的构建过程中，我们应该清晰地认识到这一点，从市场需求出发，发展现代化的立体式农业，将特色生产、生态种植融入整个生态系统之中。该模式的核心思想是"以工带农"，通过工业生产与市场需求的结合，促进农业经济的发展。

3. 城郊模式

城市是农副产品的重要销售市场，靠近城市的农村地区或者城郊应该充分利用自己的区位优势，积极开拓城市农产品市场，促进农业经济的发展。通常来说，发展蔬菜、水果种植业以及农畜产品加工业是该类型农业生产模式的主要形式。随着我国城镇化步伐的推进，该类型的农业发展模式将会拥有越来越广阔的发展空间和发展前景，在生态农业的发展规划过程中相关人员要充分考虑这一因素，有针对性地对城郊、近郊地区的农业生产进行规划。

（二）观光／旅游农业

随着我国城市化水平的提高，脱离农村和土地的人口越来越多，城市高压力、快节奏的生活激起了人们对简单、舒适的农村生活的向往，越来越多的城市人会在周末或假期选择到农村休闲度假，旅游观光农业正在成为农业经济发展的一个重要增长点。除此之外，随着人们生活水平的不断提高，城市居民对食品的消费开始追求质量，因此无公害蔬菜、绿色食品产业将成为我国农业经济和农村地区发展的一个重要思路。

近年来，我国农业生产逐渐脱离了简单地向城市输入单一农产品这一模式，正在向着农业生产，农业生态休闲、娱乐，农产品加工这一现代化农业发展模式转变，不少地区已经建立起了农业生态休闲旅游基地，出现了一批带领农民致富的农产品加工龙头企业。发展观光农业、旅游农业应充分发挥和利用农业的"三生"功能。

（1）生产功能。农业的生产功能可以为城市的生产和生活提供新鲜的原材料，比如蔬菜、水果、粮食等。

（2）生态功能。农业的生态功能是指农业能够调节人与自然的关系，促进人与自然的和谐发展。

（3）生活功能。在都市农业区或者近郊的农业生产区域开辟绿地、市民农园、花卉公园、教育公园等，不仅能够提高城市居民的生活水平与生活质量，还能够促进农业经济的发展，促进农村与城市间的交流，提高农民的收入和生活质量。

（三）有机农业及其标准

有机农业是可持续发展农业的重要组成部分，作为一种新型的农业发展模式，有机农业可以很好地将农业生态环境的保护、农业经济的发展结合起来，解决目前我国农业经济发展与生态环境保护的困境。要想发展有机农业，我们必须了解有机农业生产的标准是什么。国际上对有机农业生产标准已经有了一些比较一致的看法，具体如下。

（1）种植业中禁止使用化肥以及化学农药等，长期使用或食用会对土地资源和身体健康造成伤害的物品。

（2）不能为了长期贮存农产品或者保鲜，使用违禁的化学药剂。

（3）农畜产品的饲养，不能使用破坏牲畜自然生产状态的抗生素、激素等。

（四）可持续农业技术

可持续农业发展技术，是生态技术与农业生产技术结合的产物，它是一种综合性的、集多种功能于一体的技术，是实现可持续发展农业的基础。就目前各种可持续农业技术而言，适合发展中国家国情的，比较成熟的技术主要有以下几种。

1. 作物多样化

种植的多样化可以促进局部种植生态的改善，帮助种植户抵御大风、冰雹等恶劣天气的影响，降低农产品出售的市场风险，有效减少各类病虫害的影响，提高产量。

2. 填闲作物

当谷物或蔬菜收获后，尽量不要让土地如果处于闲置状态，即使不再种植农作物，也可以种植黑麦草、苜蓿等能够控制杂草生长、保持水土或者改善土壤肥力的作物。

3. 多种作物轮作

多种作物轮作符合生态学基本原理以及土壤利用和植物生长的客观规律。作物轮作对于控制病虫害、减少水土流失以及防止土壤侵蚀能够起到很好的预防和保护作用。

4. 害虫综合治理（IPM）

害虫综合治理是指将生物、种植、物理和化学等农业技术手段通过科学的规划结合到一起进行实践应用的一种害虫治理措施。害虫的综合治理是一种综合性、生态性的治理手段，能够用最小的经济成本，换取最大的生态效益和经济效益。

5. 养分管理

农作物生长的不同阶段、不同的农作物对营养成分的需求量以及需求类型都有很大的差异，在农业种植过程中我们应该有针对性地对处于不用营养需求状态下的农作物进行施肥管理，最大限度地提高农作物的产量，从而提高农业经济发展的效率。

6. 水土保持

水土是农业种植业发展的基础，对农业的发展具有重要的意义。在现代农业发展中，水土保持对农业的可持续发展意义重大，是必须解决的一个问题。目前比较常见的水土保持措施主要包括丘陵耕作梯田、平原带状耕作、土质松软区少耕、免耕等措施。

三、我国可持续发展农业面临的问题和挑战

随着我国经济的发展，建筑用地与工业用地会在较长的时间内保持一个增长的趋势，在未来很长一段时间内我国农业耕地将进一步被压缩。农业用地的减少与人口增长之间的矛盾短时间内难以得到缓解。人多地少是我国农业发展的基本现状，面对不断增长的农产品需求，我国必须立足这个基本现实，提高农产品的质量和产量，这是解决我国农产品供需压力的重要手段。这就意味着我国对耕地的使用效率必须不断地提高才能满足这一基本要求。农业集约化生产是现代农业提高耕地利用率，促进农业结构调整的重要手段，在未来的农业发展中，我们应该着重发展集约化农业生产，这也是国际农业发展的一个重要趋势。

发达国家的农业发展历史中得出经验，凡是人均 GDP 超过 3000 美元之后，其国内对畜禽产品的需求都会出现一个爆发式的增长阶段。这种增长速度与增长量，是一般的增长所不能比拟的，在传统的生产模式下畜禽产品供应增长根本不能满足这种需求的增长。集约化农业生产能够帮助农户在最小的成本下大规模地采用先进的农业生产技术与管理技术，在提高农产品的质量与产量上具有独特的优势。发达国家的农业发展之路为我国农业发展提供了很好的借鉴，我们要善于从这种借鉴中吸取经验。

农业物种安全问题也是我国农业发展中必须面对的问题。我国农业五种安全主要包括两个方面的内容，即物种多样性的保护，以及外来物种危害性检疫。随着动、植物在农业上的用途范围的不断扩大，国际贸易及国际合作的加强，引进物种会越来越多。我国发现的若干入侵物种，如水葫芦、豚草、紫茎泽兰、美洲斑潜蝇等，已经对我国的农牧业生产环境以及生态环境造成了影响。同时，由于集约化农业下单一品种种植、养殖以及连作等生产方式占压倒性优势，将不断增大对农业种质资源的保护和利用的不利影响。

资源承载能力过载的危险性。除水资源外，我国农业资源——生产的综合承载能力相对于农产品消费过高的需求将是不堪重负的。据布朗（Brown）等人的测算，如果我国也全面采用美国肉牛主要用谷物饲料育肥的生产方式，并且人均牛肉消费量达到目前美国的水平，则需要每年增加 4 亿吨谷物饲料。与我国 2021 年 6.82 亿吨的粮食产量相比，仅此一项即相当于我国年粮食总产量的 58%。另外，随着经济的发展，对农业多功能性的要求也越来越高，不但要有较高的生产功能，同时还要具备较强的生态、休闲等功能。

总结来说，在未来的发展过程中我国农业发展将要长期面对的主要有下面两个矛盾。

（1）在农业发展的过程中，我们既要努力保证农产品安全，又要保障农民的生活水平不断提高，还要兼顾生态环境效益，这三者之间存在一定的矛盾，找到这三者之间的平衡点，对我国农业的稳定发展具有重要意义。

（2）国家、地方、农民利益的调和。在农业发展的过程中，由于各自的出发点不同，国家、地方和农民各自追求的利益有一定的差异，这种差异会使三者利益的协调出现一定的矛盾，在发展过程中应该进行综合处理。

受传统农业发展模式以及我国农业客观发展状况的影响，我国农业的发展必将经历一条艰巨的发展之路。面对当前我国农业经济和农业生产发展的双重瓶颈，面对可持续发展与保护生态环境的压力，面对我国现代农业基础薄弱发展难度大的现实状况，我们不仅要做好解决农业发展困难的准备，还要具备解决问题的勇气和能力。

第二节 构建生态农业发展经营体系

生态农业是可持续发展农业的一种模式，它是从我国的基本国情出发，结合我国农业生产的基本情况在生态学先进理论的指导之下，运用科学的现代生产技术将生态、经济与社会效益统一到农业发展中的一种发展方式。生态农业能够有效地促进可持续农业的发展，对我国农业现代化建设具有重要的意义。

一、生态农业的认识与理解

（一）生态农业的含义

威廉·阿尔伯维奇提出并倡导"生态农业"后，在各国的农业发展理论和生产实践中，有关生态农业的解释和定义不断出现。

英国的沃辛顿对生态农业的定义是："生态农业是生态上自我维持，低输入的经济上有生命力的，目标在于不产生大的和长远的环境方面或伦理方面和审美方面不可接受的变化的小型农业系统。"沃辛顿和琦利 1981 年又提出，"所谓生态农业就是建立和管理一个生态上自我维持的、低输入的、经济上可行的小型农业系统。使其能在长期里不对其环境造成明显改变的情况下具有最大的生产力"[①]。

麦利尔认为，"自然秩序具有内在的和谐，这种自然秩序起着一个精心管理者的作用，作为一个农民则是自然的伙伴。农业活动的影响和结果始于土壤，经过生物金字塔，而最终达于人。生态农业即是人们精心管理的集约农业，使其与自然秩序相和谐"[②]。

阿尔蒂尔利认为，生态农业"也是农场水平上的持续农业范式，但更注意生态系统及其对人类开发和其他扰动的抵抗性，而不是农场的生产和经营管理。中心问题是生态系统的整体优化和生产系统的生态持续性"[③]。

---

① 刘思华. 可持续发展经济学[M]. 武汉：湖北人民出版社，1997：311.
② 刘思华. 可持续发展经济学[M]. 武汉：湖北人民出版社，1997：311.
③ 蔡运龙. 可持续发展之路[M]. 北京：北京大学出版社，1995：201.

我国著名环境科学专家曲格平认为，所谓"生态农业，就是以生态学理论为依据，在一定的区域内，因地制宜地规划、组织和进行农业生产。我们可以说，生态农业就是要按照生态学原理，建立和管理一个生态上自我维持的低输入、经济上可行的农业生产系统，该系统能在长时间内不对其周围环境造成明显改变的情况下具有最大的生产力。生态农业以保持和改善该系统内的生态动态平衡为总体规划的主导思想，合理地安排生产结构和产品布局，努力提高太阳能的固定率和利用率，促进物质在系统内部的循环利用和多次重复利用，以尽可能减少燃料、肥料、饲料和其他原材料输入，以求得尽可能多的农、林、牧、副、渔产品及其加工制品的输出，从而获得生产发展、生态环境保护、能源的再生利用、经济效益四者统一的综合性效果"[①]。

原中国国家计委副主任陈耀邦认为，中国所倡导并实施的生态农业是指："在经济和环境协调发展指导下，总结吸收了各种农业方式的成功经验，按生态经济学原理，应用系统工程方法建立和发展起来的农业体系。它要求把粮食生产与多种经济作物生产相结合，发展种植业与林、牧、副、渔业相结合，发展大农业与第二、三产业相结合，利用中国传统农业的精华和现代科学技术，通过人工设计生态工程，协调经济发展与环境之间，资源利用与保护之间的关系，形成生态上和经济上的良性循环，实现农业的可持续发展。这种持续发展应使土地、水和动植物种质资源得到保护，无环境退化，技术上适宜、经济上可行并能为社会接受的发展途径"[②]。

王松霈教授指出，生态农业"是以生态经济学原理为指导，建立起来的一种新型的现代农业生产方式。它要求按照生态经济系统本身运动的规律性使用各种经济、技术措施，一方面能保持和改善自然界的生态平衡；另一方面又能充分利用各种自然资源，取得最大的经济效益。它建立的根据是既符合经济规律的要求，又符合生态平衡自然规律的要求，把两者统一起来，使农业生产的经济效益建立在生态效益的稳固基础上"[③]。

生态农业是世界农业经济发展过程中的一个新生事物，目前我们对它的研究和探索远没有达到形成一个完整、成熟体系的程度。因此，人们对生态农业的定义存在差异，理解上存在不同是一种很正常的现象。改革开

① 曲格平. 环境保护知识读本[M]. 北京：红旗出版社，1999：195.
② 陈耀邦. 可持续发展战略读本[M]. 北京：中国计划出版社，1996：197.
③ 王松霈. 生态经济学[M]. 西安：陕西人民教育出版社，2000：169.

放以来，我国就开始了对生态农业的实践探索，在长期的发展过程中积累了丰富的实践生产经验，为我国的生态农业研究提供了强有力的帮助。随着人们环保意识的增强和各项政策的出台，"生态农业"这一概念已经为全国各地的农民群众和基层领导组织广为接受。我们前面介绍的，以曲格平、陈耀邦、王松霈等一批官员与学者为代表的国内生态农业研究和探索人员，都紧紧抓住了生态农业的本质和特征。我们认为陈耀邦的定义提出了"利用中国传统农业的精华"这一特点，与我国的国情更为贴合，本书以此定位为基础展开论述。

（二）生态农业内涵

经过人们研究与规划后的生态农业，能够使农业发展中各种自然资源与经济效益处于一个良性的循环的过程之中。从本质上来说，生态是一种更深层次的可持续发展农业战略模式，这是因为生态农业规划不仅仅着眼于未来的发展与稳定，还追求当下的效益。从目的上来说，生态农业的出发点和落脚点，都是促进环境、经济与社会效益的统一，不断完善和提高农业系统的整体功能，丰富和完善我国的农业系统。农业系统整体功能评判的标准主要有三条，它们分别是：

（1）一是经济效益，即农业生产要发展，而农民本身也要通过发展农业生产而富裕起来。

（2）生态效益，即保持良好的生态环境，形成农业生产和生态环境的良性循环。

（3）社会效益，即农业发展还需要考虑人们对农产品质量和安全的需求，为农产品消费者提供可靠的健康保障。

从上面的三个标准中我们可以看出农业系统的经济效益、社会效益以及生态效益可以融合进生态农业之中，其中生态效应是生态农业发展的基础和前提，经济效益和社会效益都是生态农业所要达到的基本要求。生态农业是一个综合性的农业生产系统，在这个系统中每个参与到其中的要素都要对其利用进行科学的规划与思考，保证它们能够在整个系统之中顺利地循环。

生态农业必须合乎下列这样一些最基本的生态学基本学理，才符合基本的生态学规律。

（1）要科学规划农业生产力的布局、合理规划农产品结构，必须做到因地制宜，保证生态农业规划与当地的地理、人文环境相适应。

（2）对自然资源的开发和利用应该在土地的承受能力之内，不能过度开发，以防导致土地生长能力的透支与退化。

（3）在土地肥力的利用上，要"有取有补"，保证土地资源肥力的平衡，这也是保证可持续发展农业的基础。

生态农业是广义农业的具体体现，它与狭义农业有一些区别，主要体现在以下几个方面。

（1）从内容上来说，生态农业不仅仅局限于种植业，而是农、林、牧、副、渔业等多种农业生产类型的综合，同时也属于大农业生产。

（2）从生产地域上讲，生态农业立足于现有耕地，努力提高单产，并且让生产的概念突破了耕地的限制。

（3）从食物的概念上看，生态农业以粮食为整个系统的基础，但粮食生产又不是整个系统最精华的部分。

（4）从经济效益上来看，生态农业是建立在市场需求的基础之上的，改善了传统农业市场反应慢、农产品价格偏低、导致农民增产不增收的状况。

生态农业是传统有机农业和现代无机农业的一种结合体，它伴随着物质的循环和能量的流动，是一个具有一定自我修复和稳定运行能力的生态系统。

二、生态农业的原理与特征

（一）生态农业的原理

生态农业是生态学基本原理在农业和农村经济实践中的具体应用，其实质是按照生态学的理论设计整个农业生态的系统工程。生态农业有着严密的理论基础与实践验证，一般来说生态农业所遵循的基本原理主要有以下几个。

1. 整体性原理

整体性是指生态系统结构上的整体性。任何复杂的功能整体，都不能只由一个部分构成，任何系统都是由多个功能部分或者子系统构成的，这些相互作用的功能部组合在一起才能构成复杂的功能整体，形成完整的系统。如果人们在生态系统的构建中，不综合考虑系统内外的相互关系、系统整体运行规律及整体效应的优化，而是单独进行某个功能单位的规划，那么即使单个功能系统设计得再完美，也难以使整个农业生态系统的运行处于完美状态。

2．协调性原理

协调性是指生态农业系统的设计符合生物进化与生态演替的总趋势，符合基本的生态规律。在生态农业系统的构建中我们需要指出的是，物种之间的协调共存、生物与环境之间的协调适应、生态系统结构与功能的协调发展、不同生态过程的协调作用，这些都是高产高效农业系统的必备条件，在构建生态农业系统中应该注意。

3．循环性原理

循环是生态系统的最基本特征，正是由于这一基本特征才使得生态循环系统具有了实际应用的价值。实际上，一切能够自我发育、自行运转并且能够在较长的时间内保持繁荣的生态农业系统，都是根据循环性这一基本原理，在生物与环境之间及食物链上的基础上建立起来的。生态农业系统的循环是能量流、物质流相互作用的结果。如果循环出现阻滞和停止，那就预示着生态系统功能受到阻碍以致衰亡。

4．再生性原理

再生指农业生态系统中生命与资源的增殖与更新，这里的再生是自然界天然的新陈代谢，由于能量在整个系统中循环，因此生态系统内的再生也会周而复始地进行，使整个生态系统充满生机。因此，再生性应该是生态设计的主要目标之一，使生态系统最终获得繁荣发展，系统生产力和资源环境持续保持，以满足人类社会发展的需求。

总之，"整体、协调、循环、再生"概括了生态系统长期发展形成的根本规律与机制，为农业生态系统的设计和生态农业的建设提供了理论依据。

（二）生态农业的基本特征

生态农业作为一个人工再造的生态系统，是一个统一的有机整体。就其性质而言，生态农业具有以下几个基本特征：

1．生物产量高

生态农业系统应该注重农产品生产率的提高，增加农民发展生态农业的经济收益，否则农民不会去费时、费力去发展生态农业。这一点要求农业生态系统的设计人员必须因地制宜地选择农作物的品种，并且系统本身的能量、物质转化效率要高，能够彼此之间机构合理、功能协调地组合在一起。

2．合理利用光合作用的产物

从生物能量供应来看，农产品中所蕴含的能量都来自太阳，是植物的光合作用产生的。这就要求农业生产按照反映生态规律的"食物链"或"生物链"及其量比关系，做到能量和物质的循环流动，提高绿色植物光合作用产物的利用率，从而得到更多的农业产出。

3．经济效益高

农业资源和自然生态物质会沿着自然形成的"生态链"进行循环，实现物质形态的转化和循环利用，此外这些资源和物质还会沿着"加工链"进行加工与转换，实现其附加经济价值的提升，这个链条越长，其经济附加值越大，所创造的经济效益越高。

三、生态农业发展体系的目标与原则

（一）生态农业发展体系的总目标

农业农村现代化建设而是新时代中国特色社会主义建设的重要组成部分，在这个过程中我们应该尊重规律，建设资源节约型、环境友好型的现代化农业，从而为我国生态环境的保护提供有力的支持。在生态农业发展模式之下，环境脆弱地区的生态环境能够得到有效的维护，如果方法得当能够使已经被污染或破坏地区的生态环境逐渐好转。发展生态农业，必须与集约型农业生产结合起来，因为经济效益的提升是保证整个生态农业系统平稳运行的基本保障，另外农业集约化生产还能促进我国农业经济的全面发展，提高农民收入和生活水平，对社会主义新农村建设能够起到很好的促进作用。

生态农业的建设和推广，能够提升耕作区的植被覆盖率，通过农业生态系统的循环加快我国环境脆弱地区的生态环境保护进程，促进生态环境的整体改善。大力发展生态农业可以促进我国农业经济的发展，提高农业生产的效率与经济效益，较大幅度、较快速度地提升农民的收入。就目前的状况而言，发展生态农业必须对我国农业主产区的农业生产观念和土地利用方式进行彻底的改造，使人们形成完整、先进的生态农业发展理念，并教育他们运用科学的方法与模式促进生态农业系统的建设，从而达到逐步优化我国农业结构、优化农业经济发展模式的基本目的。按照我国有机农业的发展标准，生态农业基地的建设标准是75%以上的农作物要达到有机农产品的标准。就目前的农产品市场而言，绿色无公害蔬菜、有机粮食作物具有很好的市场前景，并且其经济效益是传统农作物的数倍。另外，绿色有机农作物在国际农产品市场上也具有很强的竞争力，大力发展生态农业促进有机农作物的生产能够显著增强我国农业的出口创汇能力，使农民获得更高的经济效益。

（二）指导思想和基本原则

1. 指导思想

发展生态农业必须符合我国当前的国情和发展策略，切实贯彻可持续发展战略，按照党中央确定的发展路线和发展方针，推动环境保护，让绿水青山造福人民、泽被子孙，有针对性地对我国农业进行生态化的规划与改造，改善我国环境基础薄弱地区的生态面貌，强化国家生态环境治理与恢复的成效，提高我国农业经济发展的速度与农民的收入，为我国农村农业现代化提供强有力的生态保障与经济保障。在生态农业发展的过程中，我们有重点、有针对性地对生态环境进行改造，以生态环境较为脆弱的地区为突破口，通过生态农业的建设与发展来改善区域生态基础，稳固生态环境恢复的成果，从而达到逐步改善区域生态环境的目的。

2. 基本原则

在发展生态农业中我们应该坚持以下五个基本原则。

（1）统筹规划，突出重点。统筹规划、突出重点是指在全面规划与建设生态农业的基础上，要有重点、有目的地对一些重点区域的生态农业建设工作进行建设和指导，力争短期内能够起到优化生态环境、提高经济收益的目的。重点区域的建设的成功经验和示范效应能够有效地促进生态农业在更大范围甚至全国区域内的推广，起到事半功倍的效果。

（2）因地制宜，分类指导。生态农业必须与区域生态环境、农业发展状况以及耕作习惯等因素相适应，才能真正地发挥生态农业的作用。具体到生态农业系统的建设中就是，规划人员在进行整个生态系统的构建时，应该结合区域实际，科学规划与布局，以最大限度适应区域特点。

（3）模式带动，技术集成。生态农业是一种综合性的农业发展模式，需要先进的技术与高度整合的生态循环系统才能完美地发挥出其功能。因此在生态农业的发展过程中，我们应该以此为中心，大力发展和引入先进的农业生产技术，充分发挥生态农业的整体性优势，带动农业经济发展。

（4）综合治理，整体提高农业生态环境是一个复杂的生态循环系统，想要对其进行改造和完善，单从某一个方面对其进行改造是远远不够的，只有多方位地、全面地改善与提高才能从根源上改善农业生态环境，提高整个生态农业系统的质量与产量。

（5）建设与管理并重，技术与政策并重。"边建设，边维护、边培训"是生态农业建设与发展的重要策略之一，因为只有不断地建设、维护、升级才能使整个系统处于一个健康的生态循环之中，从而最大限度激发整个系统的活力，创造更多的经济效益与生态效益。在生态农业系统的规划与建设之中，相关的管理部门要充分调动农民参与生态农业、发展生态农业的积极性，并建立相应的政策扶植与制度保障，使生态农业的发展更加顺利。

四、构建生态农业发展体系的措施

（一）提高认识，加强领导

宣传是人们认识生态农业的重要途径，宣传部门一定要充分发挥自己在生态农业建设与推广中的作用，大力普及生态农业知识，让广大基层管理者认识到生态农业是未来农业发展的基本趋势，让广大农民认识到生态农业是提高收入的有效手段。在宣传手段上，可以充分利用电视、广播、报纸、杂志等大众媒介，结合生态农业宣传的特点将科学的知识与先进的理念传递到农村地区，传递到农民的心里。

（二）增加资金投入

资金是发展一切项目的基础，没有强大的资金支持，生态农业项目的发展不可能成功。就目前来看，我国的农业资金投入机制还不完善，农业发展获取资金的途径比较单一，农业发展获取的资金帮助数量较少。因此在发展生态农业，改善我国农业生态环境的过程中，必须建立起一套完善的农业资金投入体系，保证生态农业建设的资金保障。另外，在资金获取的途径上，国家正在逐步开放社会投资，扩大我国农业发展资金的筹集渠道，增加农业发展资金的投入力度，为我国农业的发展、生态农业系统的建设提供有力的支持与保障。

（三）加强农业生态环境监测、评估体系建设

对于生态农业检测与评估体系建设，我们可以从以下三个方面入手。

（1）随着信息技术的发展与进步，利用互联网进行动态检测与报告已经成为一种比较成熟的技术，因此在农业生态区域建立互联网动态监测系

统完全能够满足环境监测的需求。建立完整的农业动态监测网，在全国省、自治区、直辖市和计划单列市建立农业生态环境监测，能够有效地对我国农业生态环境实现实时监控。

（2）基层监测对农业生态环境监测具有重要的作用，因此在农业生态监测体系的监测中，我们应该大力发展和建设县级、乡级农业生态环境监测点，在全国范围内形成一个完整的农业生态环境监测网。

（3）核算、评价与支持体系是对监测数据进行分析的基础，因此在生态环境监测体系的建设过程中，我们要发展和完善农业环境核算、评价与支持系统，将采集到的数据进行及时的分析与处理，为农业生态环境项目的决策提供强有力的支持。

（四）强化科技教育

在发展生态农业的过程中，我们要着重对关键性的先进农业技术进行深入的分析与应用研究，尤其从国外引进的技术，一定要结合我国农业生产环境、生态农业发展的基本状况，我国农业种植的习惯等具体因素对其应用可行性进行深入的分析、保证其在投入生产之后能够最大限度地发挥其作用，避免资源的浪费。另外，在加强农业生态科技的研究上我们应该充分发挥高校的作用，利用其科学技术研究基础好、高科技人才集中的特点，大力开展生态农业科技的研究工作，培养一批具有先进生态农业技术的科技人才。

（五）推进生态农业产业化经营

鼓励采取"公司+农户""龙头企业+基地建设"和"订单农业"等多种形式，大力推进生态农业产业化经营。支持农产品加工企业、销售企业、科研单位以及各种类型的企业进入生态农业建设和无公害食品加工销售领域，与生态农业建设基地和农户形成利益共享、风险共担的经营机制。采取财政、税收、信贷等方面的优惠政策，扶持一批重点企业带动发展。

第三节　构建农业资源经营保护体系

农业资源是开展农业生产、发展农业经济的基础，对农业资源进行科学的保护，能够为我国可持续发展农业提供强大的动力。目前，我国部分地区的农业发展已经受到了农业资源破坏的影响，为了避免这种情况在更大的范围内蔓延，我们应该提高警惕，加强对农业资源的保护。

一、土地资源保护

（一）土地复垦技术

矿区极端恶劣的土地条件会阻碍植被的自然生长，对土地景观造成巨大影响，还会产生很严重的环境污染，如重金属污染等。在土地资源的保护中应该探索对这类土地的复垦技术，提高土地的复垦率和生产潜力。

目前我国矿区土地复垦的典型技术，大致可分为两类技术体系。

（1）环境要素：包括土地+土壤+水资源+大气等的重建、改造和利用技术。

（2）生物要素，包括物种、种群和群落等的恢复再生技术。

具体的恢复措施包括人造表土工程、多层覆盖、特殊隔离、土壤侵蚀控制、植被恢复生态工程等。复垦的关键在于植被恢复以及为植被恢复所必需的土壤微生物群落的重建。由于矿区废弃土地的水分状况很差，特别是养分极其贫瘠，导致植被很难恢复。所以首先要通过机械方法平整压实土地，人工制造表土；在植树种草时，可以施用菌根真菌等人工菌剂，以活化土壤中难以被植物利用的磷以及其他元素，提高植被的成活率。

（二）沙漠化土地综合治理

对沙漠化土地的综合防治模式包括以下几种配套技术。

（1）少耕免耕覆盖技术。植被是保护土地沙化的重要因素，因此在土地沙漠化的综合治理当中我们应该充分激发和利用植被的防沙固沙功能，在沙漠化耕作区要收割留茬，减小种植密度或者免耕，尤其是在沙漠化严重的季节更应如此。另外，沙漠化土地尽量覆盖越冬性作物或牧草，该措施能够有效降低冬季风沙对土壤的侵蚀，保护耕作土地。

（2）乔灌围网、牧草填格技术。沙漠化地区发展抗旱农作物种植，形成乔木或灌木围成的农田保护网，也能够对土地沙化起到有效的防治作用。在灌木网中，还可以种植牧草来增加地面的植被覆盖率，并且可以适当收取牧草来发展养殖业，促进当地经济的发展与农民生活水平的提高。

（3）禁牧休耕、休牧。不科学的耕作习惯和畜牧业对地表植被的破坏是比较严重的，尤其是在沙化的草原或者农田地区，只有禁止农耕或者放牧才能缓慢地恢复地表植被的覆盖，尤其是畜牧业每年应该休牧 3～4 个月，以确保被消耗地表植被能够恢复过来，从而保证土地不被沙化。

（4）再生能源利用技术。风能、太阳能和沼气都属于新型能源，加强对这些能源的开发与利用能够有效地保护农村地区的植被以及生态环境。比如，内蒙古乌兰察布市地区，以"进一退二还三"的结构调整模式（建一亩水浇地基本农田，退耕二亩低产田，还林还草还牧），以带状间作、轮作为主，大面积控制了土壤的风蚀沙化。

（5）治沙技术。土地沙化是我国土地生态面临的最重要问题之一，在长期的防沙治沙过程中，形成了丰富的治理经验。在治沙实践中常见的治沙技术有以下几种。

第一，生物治沙。生物治沙是指通过人工植被、保护和恢复天然植被，最终达到防治风沙危害、治理并开发利用沙漠化土地的目的。

第二，工程治沙。工程治沙是采用机械方法，通过固、阻、输、导等方式在沙面上设置沙障或覆盖，或将风沙挡在远离防护区的地段，或将风沙导向防护区的下风向等地区。

第三，化学治沙。化学治沙是利用化学材料及工艺，在容易发生沙害的沙丘或沙质地表，建造具有一定结构和强度的能防止风力吹扬、同时又能保持水分和改良沙地性质的固结层。

第四，农业治沙。农业治沙是指通过翻土压沙、砂土耕作、带状耕作、复耕压青等方法将沙化的土地利用起来，通过局部生态系统的循环来逐步改善沙土的质量，从而达到防沙治沙的目的。

（三）水土保持技术

水土保持技术包括林草技术、农业技术和工程技术等，在此只简单进行介绍。水土保持林草技术通过人工造林种草、封山育林育草等技术措施，采用多林种、多树种、乔灌草相结合，建设生态经济型防护林体系。水土保持农业技术指改变坡面地形、增加地面粗糙度和覆盖率、增加土壤抗侵蚀力等方法。包括等高耕作、深耕、平翻耕作、垄作耕作等和草田轮作、间作套种、带状间作、沟垄耕作、水平防冲沟种植等。水土保持工程技术包括斜坡固定、山坡截留沟、沟头防护、梯田等坡面水土保持工程和谷坊、拦沙坝、淤地坝、护岸等水土保持工程和小型水利工程等技术。

（四）盐碱、酸土改良技术

对盐碱地的改良包括预防和治理两个方面。

（1）预防措施包括健全灌排系统控制地下水位、发展节水农业、改造水渠、避免稻田分散、采取合理农林措施抑制土壤返盐等。

（2）治理措施包括水利改良、平整土地、深翻改土、结合耕作保苗的农业耕作改良、种稻改良以及土壤配肥与植物覆盖改良措施等。

土壤酸化指土壤内部产生或外部输入氢离子而引起的土壤酸碱度降低等现象。对土壤酸化的防治技术包括：减少化肥使用量，增施有机肥、生物肥等，病虫害综合防治（IPM），轮作，施用石灰改善土壤构成、提高土壤的缓冲能力，使用镁肥、锌肥等。

（五）土壤污染的修复

土壤污染具有隐蔽性、滞后性、累积性，比较难治理，可以分为重金属污染、农业和有机物质污染、放射性污染、病原菌生物污染等类型。

对土壤污染的防治和修复，包括以下内容：

1. 控制和消除污染源

严格控制"三废"的排放量和排放浓度，使之符合排放标准。"三废"是指废水、废气、固体废弃物，"三废"会对土壤造成严重的污染，影响土地的生产能力甚至会使土地彻底失去生产能力，因此在土地资源保护的过程中必须对"三废"进行严格的防范。

2. 增加土壤容量，提高土壤净化能力

有机肥是作物生长不可缺少的养料，增施有机肥可以促进土壤熟化和团粒结构的形成，从而改善土壤状况保持土壤肥力。添加土壤结构改良剂，可以促进土壤团粒的形成、改良土壤结构，保护土壤耕层，防止水土流失；土壤结构改良剂可以分为天然（腐殖酸类、多聚糖类、纤维素类等）和人工（聚乙烯醇、聚丙烯酰胺、沥青乳剂等）两大类。

3. 土壤污染修复技术

（1）排土、客土改良（物理改良措施）。重金属大多富集于地表数厘米的耕作层。因此采用排土、客土法可以达到较好的改良效果。但此法应用范围较窄。

（2）控制土壤的氧化还原状况。大多数重金属形态受氧化还原电位的影响，改变电位使土壤的重金属发生氧化、还原、沉淀、吸附、抑制和拮抗等作用，可以减轻重金属的危害。如在淹水还原状态下，部分金属可与硫化氢形成硫化物沉淀，从而减少金属活性。这类方法主要有：①沉淀法：

添加石灰、碳酸钙、钢渣、粉煤灰、硅肥等；②有机质法：添加腐殖酸；③吸附法：添加膨润土、沸石、黏土矿物、碳酸钙等；④抑制剂：添加能控制、约束和阻抑重金属生物有效性的离子或化合物。

（3）生物改良措施。通过种植某些非食用的、吸收能力强的植物；利用土壤中的红酵母和蛇皮藓菌净化土壤，可以降解剧毒性的多氯联苯；利用蚯蚓降低污染，改良土壤：因地制宜改变耕作种植制度（包括间套混作和施肥等措施），如根据作物根系深度及地下水深度等对土地适当翻耕加速污染物质的分解，或改旱田为水田可加速有机氯农药的降解等措施。

二、草地资源的保护

（一）提高认识水平，大力发展草业和畜牧业，保障食物安全

发达的畜牧业是现代农业的重要标志。西方国家畜牧业产值占农业总产值的比重一般都在 50% 以上，这与西方国家的饮食结构有关。我国人口基数大，耕地面积有限，加上饮食以粮为主，因此保障粮食安全是我国农业生产的基本目标。在保障粮食安全的基础上，增加肉、蛋、奶等畜牧业产品的供给，不断丰富饮食种类。发展草业有利于提升畜牧业发展，这一点主要体现在两个方面。

1. 体现"藏粮于草"

草原畜牧业的发展，可以增加肉、奶等畜产品的供给，从而扩大食物来源，减少对粮食的依赖。大部分草地畜牧业的产品接近"有机农产品"，质量和食用安全水平较高。一般每 1 吨牛羊肉，需要 9 吨饲料粮。因此发展节粮型的草食畜（禽），可以将"人畜争粮"改变为"人畜分粮"，减少畜牧业对粮食的消耗。我国目前以猪为主的耗粮型畜牧业，每年大量耗粮食，若以草食家畜取代 1/3 的猪，则相当于节约耕地 0.15 亿公顷。

2. 可改善地力，提高粮食生产能力

我国约 2/3 的中低产农田，如果实施草田轮作和粮、草间作，可通过豆科牧草共生固氮，沃土肥田 20% 的耕地实施草田轮作和粮草间作，其增产粮食潜力可相当于增加约 0.2 亿公顷农田。

种草养畜（禽）、草地畜牧业以及草产品的生产加工等，均有利于促进农业结构调整，推进产业化发展，延长产业链条，提高产品附加值和增加劳动力就业，拓宽农牧民增收渠道。

（二）大力发展人工草地

人工草地生产力数十倍于天然草地，其固碳、固氮及保持水土的能力明显优于天然草地。大力进行人工草地建设，对原有天然草地进行生态置换，可以遏制沙尘暴的发生，有利于保障国家生态安全。

以人工草地为基础发展现代高效草地畜牧业，可以显著提高草食动物产品的数量、质量，替代食物结构中的粮食，减少对谷物的过度依赖。发展人工草地以及后续产业链，可产生巨大的经济效益和大量的就业机会，可以促进农业产业结构和畜牧业产业结构的调整，提高种植业和养殖业效益，拉动农村经济发展。

在草地建设方面，要坚持北方和南方人工草地建设并重的原则。北方人工草地建设立足于解决牧区和半农半牧区家畜冬春缺草和休牧舍饲、半舍饲饲草供应，减缓家畜对天然草地的压力，加速草地生态系统的恢复，发挥草地生态功能。南方人工草地建设立足于充分利用南方水热资源优势，推进现代化集约型草地畜牧业的发展，开发南方后备畜牧业生产资源，充分释放我国牧草生产的潜能。

（三）我国草地和草业可持续发展的战略构想

推进我国草地和草业可持续发展，必须有全新的思路。必须适应新的发展形势，在战略上做重大调整。

1. 战略思路

从以经济效益为主转到经济、社会、生态效益并重和"多赢"上来。在某些草地区，以生态效益优先，实现草业经济增长方式、草原畜牧业生产方式和农牧民生活方式根本性能转变。

2. 战略方针

科学规划，区别对待，北方（华北和西北）草地以依靠自然恢复为主休养生息，先予后取；南方和东北草地加快建设和利用。要根据我国国民经济发展和生态建设的实际需要，认真制订符合国情的草业发展总体规划。

3. 主攻方向和策略

保护天然草原，面上以定期封禁、自然恢复为主，结合重点区域治理"三化"（沙化、盐渍化和荒漠化），在有条件地区大力建立人工优质饲草、料基地，切实推行行之有效的农、牧结（耦）合方式。

4. 战略布局

根据我国草原生态环境的区域性和草业经济类型特点,存在的主要问题和保护建设的需要,可将我国草地和草业体系划分为北方干旱半干旱草原区、青藏高寒草原区、东北华北湿润半湿润草原区、南方草山草地区和城市绿化区五大区域,采取分区建设和利用的措施。

三、水资源的保护

(一)工程节水

1. 提高输水工程效率

提高输水工程的效率,主要有渠道防渗技术和管道输水技术。

(1)渠道防渗漏技术。渠道防渗技术是提高输水工程效率的重要途径。与土渠相比,浆砌石防渗可减少损失 50% ~ 60%,混凝土减少 60% ~ 70%,塑料薄膜可减少 70% ~ 80%。

(2)管道输水技术。管道输水是指用管道(塑料管或混凝土管道)代替明渠输水,将灌溉水直接送到田间,水的有效利用率可达到 95%,并且能够提高输水速度,加快灌水进度,控制灌水量,同时具有节能、省地、省工的特点。按照管道的输水压力的大小,可以分为低压管道系统(压力一般小于 0.2MPa)和非低压管道系统(压力大于 0.2MPa)。

2. 提高田间灌水效率

提高田间灌水效率的关键在于适当减少灌水量,以减少深层渗漏和无效的田间蒸发,主要包括改进地面灌溉技术、喷灌技术、微灌技术、膜上灌技术等。

(1)波涌灌。该灌溉技术是一种新型的地面灌溉技术。它采用间歇供水和大流量的方式,整个灌水过程根据地块的大小被划分为几个供水周期,人地水流分阶段推进。这种灌溉方式能够降低土壤的入渗率,提高田间灌溉的效率和均匀度。

(2)喷灌。喷灌对大田作物来说一般省水 30% ~ 50%,增产 10% ~ 30%。还有一种低压(低能耗)精确喷灌技术,即在喷灌设备的喷臂的每一个喷嘴处加一下垂喷管,从而使水更接近植株,以减少在干热条件下普通喷灌大量的蒸发浪费。

(3)微灌技术。该技术包括滴灌、微喷灌、渗灌等方式。它可以将水分以很小的流量均匀、准确、及时直接输送到作物根部附近的土壤表面或土层,水肥同步，适应性强，一般可省水 50% ~ 80%，增产效果十分显著。滴灌还可以结合薄膜进行膜下滴灌，它可以抑制土壤盐分的回升，防止土壤次生盐渍化，增产和节水效果明显。另外，还有一种地下灌溉技术，即把灌溉水输入地面以下铺设的透水管道或采取其他工程措施来抬高地下水位，依靠土壤的毛细管作用浸润根层土壤，从而供给作物所需水分的一种工程技术。

（4）膜上灌或膜孔灌技术。将地膜栽培的垄上覆膜改为垄间覆膜，灌水时水由膜上推进。此种技术提高了水流速度，缩短了水分供给作物的距离，并且极大地减少了土面蒸发。

3. 集雨利用技术

工程措施不但包括以上所涉及的"节流"技术措施，而且也体现在"开源"方面，如集雨利用技术和劣质水再利用技术等。同所有的"现代化"方式相反，集雨系统是一种投资极少、主要依靠当地降水的技术，已经在许多地处半干旱、干旱国家和地区存在了上百数千年，是一种典型的所谓"乡土智慧"。"集水型农业"是指利用人工集流面或天然集流面形成径流，将径流储存在一定的储水设施内，供缺水时将灌溉与农作物种植管理措施相结合的农业发展模式。它与传统水土保持型农业的区别是主动进行降雨的存储和调节。就集水技术本身而言，由于现代材料技术的应用，使它的推广面积及作用有了质的变化。我国技术人员已研究出高强度水稳土壤固化剂（HEC）和沥青玻璃丝油毡两种集流效率高的新材料，为建立超大容积水窖提供了有力支持。

4. 劣质水再利用技术

劣质水包括生活、工业污水以及微咸水等资源。以色列非常重视对废水的回收利用，回收率达到 40% 以上，每年大量经过处理的废水用于农业生产。截至 2020 年我国污水排放量为 571.4 亿立方米，同时我国污水处理量呈逐年增长趋势。另外我国还有相当数量的咸水和微咸水，但是污水处理和回用率很低。在咸水灌溉方面，我国的研究始于 20 世纪 70 年代中期。大量的试验表明，用咸水灌溉可降低土壤酸碱度，在盐碱地小雨后灌溉能够减轻土壤的返盐现象。

（二）农艺节水

1. 改变传统灌溉模式，确立非充分灌溉制度

控制性分根交替灌溉技术是另一种节水思路的产物，即人为保持根系

活动层的土壤在水平或垂直剖面的某个区域干燥，从而限制该区域的根系吸水；使另一部分的根系生长在湿润的土壤区域中。干燥区的根系会将水分胁迫信号传递到叶面，促使叶气孔关闭以减少作物蒸腾，从而达到节水的目的。这种灌溉技术已经被初步证明是一种高效而可行的节水新技术。如大田玉米的隔沟灌能在保持高产水平下，比常规地面灌节水 33.3%，效果显著。

（1）作物调亏灌溉。根据作物的遗传和生态生理特性，在生育期的某些阶段，人为主动施加一定程度的水分胁迫（亏缺），从而调控地上和地下生长，提高作物产量。

（2）精确农作。综合利用信息技术、地理信息系统等先进的现代科技，根据土壤及作物的需要，在农事操作上实现精确的水分、肥料、农药等投入品的控制，达到节水、节肥、高产优质、环保等多种目标。

2. 其他栽培耕作节水措施

要达到较好的节水效果，应选择恰当的适合当地气候条件和水分条件的作物种类和品种种植，并结合相应的栽培耕作措施、间套作（农林牧复合系统）、农田覆盖等措施。

（1）抗旱耕作措施。通过耕、耙、耱、锄、压等措施，改善耕层结构，充分接纳自然降水，尽量减少土壤蒸发和无效水分消耗。包括蓄水和保墒两方面。例如，深松耕法可以提高土壤的蓄水能力；而免耕少耕技术则具有不破坏土壤结构、增加土壤有机质、减少地面蒸发、提高土壤的保肥蓄水功能、耗能少等多种功能。

（2）沟畦改造技术。精细平整土地、长畦改短畦、宽畦改窄畦、大畦改小畦、长沟改短沟等。使灌溉水在田间分布均匀，节约时间，可比常规沟畦灌减少定额 50%左右。

（3）坐水种技术。利用相应的播种机，使开沟、浇水、播种、施肥和覆土一次完成。用这种方法播种的玉米与常规沟灌玉米相比，可节水 90%，增产 15%~20%。

（4）农田覆盖技术。可利用秸秆、专用覆盖材料等实现农田节水、保墒、增温、除草、高产优质的目的。在专用覆盖材料中，当前有各种不同规格的有机膜、有孔膜、锄草膜等。灌溉技术和农田覆膜的结合可实现更大程度的节水。我国 863 科技项目，植树造林的新材料——蓄水渗膜，它是一种高分子复合材料功能膜。其渗水速度与土壤湿度呈负相关，并且具有自行调节功能，从而达到科学、均衡、有效地渗水，满足苗木生长对土壤水分的要求，提高造林成活率，有效解决干旱、半干旱等生态恶劣地区植树造林、防沙固沙的难题。

合理施肥、水肥耦合也是提高水分利用率的重要途径。有机肥和无机肥配合施用并掌握合理的氮磷钾肥料比例。

（三）化学节水

利用一些化学制品可以达到很好的集水、保水、抑制蒸发和保护作物生长的良好效果。如保水剂、抗蒸腾剂等。

保水剂是利用强吸水性树脂等材料制成的一种具有超高吸水保水能力的高分子聚合物。它能迅速吸收和保持自身重量几百倍甚至上千倍的水分。由于分子结构交联，能够将吸收的水分全部凝胶化，因而具有很强的保水性，可缓慢释放水分供作物吸收利用，并且具有反复吸水功能。其溶于水后溶液呈弱碱性或弱酸性，无毒、无刺激性。从原料上可以分为淀粉类、纤维素类、聚合物类；从形态上可分为粉末状、薄片状、纤维状、液体状。例如，创新1号、LT-1、TAB 等。

抗蒸腾剂：实践证明适当减少作物的蒸腾作用不会对作物生产造成明显影响。抗蒸腾剂可以分为薄膜型（鲸蜡醇）、代谢型（苯汞乙酸）和反光型（高岭土）三种。我国近年从风化煤中提取的黄腐酸具有促进根系发育、缩小叶片气孔开度的作用，是一种很有效的抗蒸腾剂，其推广面积在逐渐扩大。

土壤改良剂：它可以促进土壤形成团粒，改良土壤结构，抑制蒸发，防止水土流失。包括矿物质、腐殖质和人工合成等类型，目前还主要依靠从国外进口。

（四）生物节水

地球上一切淡水资源主要来源于天然降水。而天然降水除了形成河川径流和补给地下水外，还有一半左右是作为土壤水存在的。因此要重视对土壤水的研究和利用。尤其是在干旱和半干旱地区，土壤水是主要的农用水资源。在我国北方，土壤水资源占降水资源的 60%～70%，合水深 360～420mm。实验表明，在小麦生育期内，土壤水量可占到全部耗水量的1/3。

要充分利用土壤水、提高作物的水分利用效率，很关键的是要选育耐旱、抗旱型高产作物种类和品种。作物自身的水分利用效率种间差异可达到 2.5 倍，而种内差异也可达到 1 倍左右。采用高水分利用效率的品种，可以达到在不降低产量的情况下大幅度减少蒸腾量；或在不增加蒸腾量的情况下有效增加产量。现已证明，植物水分利用效率是一个可以遗传的性状。

利用生物技术，可以高效地选择高水分利用效率的作物品种。如基因工程、细胞工程、酶工程和发酵工程等现代生物育种技术，正成为催化农业资源高效利用、促进可持续发展的先导技术。与节水农业相关的生物技术研究涉及抗旱的生物制剂、生物代谢、信号传递、基因定位及遗传资源的筛选、基因分离和培育抗旱高产品种等。墨西哥利用生物技术培育出一种高抗性能的小麦，可以利用海水灌溉，能耐零下及 500℃的高温，富含纤维素及氨基酸。据不完全测算，我国农业生物性节水替代潜力在 400 亿立方米以上。

（五）管理节水

灌溉节水潜力的 50%出自良好的管理。完善的水管理制度不仅能够对地表水、地下水实行统一管理，而且对废水循环利用、人工降水、海水淡化和盐水灌溉，甚至抽水站和输水管线也实行统一管理。

我国当前对水资源的管理相对薄弱，一般是自上而下的程序，而且也缺乏民众的积极参与。这种状况容易造成制度的失败和扭曲，使制度的实行受到自下而上的制约，要重视公平性以及对弱势群体的保护。工程节水、农艺节水、生物节水等所需要的技术难度越来越大，对农民的要求也越来越高。

政府要加强对水资源的集中统一管理，建立流域管理制度；同时要加强法律法规建设，规范水市场；提高水价，强化水资源有偿使用制度；加强对农民的技术培训和技术推广力度；鼓励农民建立用水者协会，参与用水管理；加强对替代技术的研究，如虚拟水贸易等。

四、渔业水生物资源的保护

（一）改造传统渔业资源生产方式

1. 工厂化养殖

工厂化养殖指利用某些设施设备高密度养殖经济鱼、虾、贝类等。它对水温、水质、溶解氧、光照、饲料、消毒、杀菌、分选、废水处理等进行全部或部分人工控制，从而实现高产高效，全年均衡上市。可分为流水式和循环过滤式两种。前者要求有大量优质的水源，后者主要是高密度养殖方式。

水体净化设备是实现水资源循环的重要设备，其在国际上经历了以下发展历程：20世纪60年代多数采用单级净化装置（如活性污泥池等），占地大，效率低；70年代研制了净化效率较高的生物转盘、生物转筒，同时发展了二级以及三级式水净化技术；八九十年代至今，美国、日本等进一步研究了臭氧净化处理技术、离子交换处理技术以及接触氧化技术。

2．有机水产养殖

有机水产养殖是指在水产养殖的过程中应用有机饲料，禁止使用化学合成物质或抗生素，保持生产与养殖的环境一致，提倡适度的混合饲养，实现从苗种到餐桌的过程质量控制。

3．鱼类混养模式及技术

鱼类混养模式是指将同类不同种或异类异种进行多品种综合养殖的方式。可分为淡水混养与海水混养两种类型。其原理是利用生物之间具有互相依存、竞争的规则，确保生物的多样性，符合水体的养殖容量，为合理利用水域、饲料资源，根据养殖生物食性、垂直分布不同，合理搭配养殖品种与数量，使养殖生物在同一水域中协调生存，并获取最大的经济、质量效益。

4．增殖渔业

增殖渔业又称栽培渔业。它的特点是增殖资源的发生量（投放的受精卵）或补充量（放流的鱼苗）是已知的、可控的。我国的渔业增殖放流起步较晚，自20世纪80年代才开始在一些湖泊和沿海地区逐步开展了以引种和增殖当地种为主的增殖放流活动。2006年，国务院颁发了《中国水生生物资源养护行动纲要》，把水生生物增殖放流和海洋牧场建设作为养护水生生物资源的重要措施之一。之后，各级政府加大了对增殖放流的支持力度，据统计，2012年，我国用于增殖放流的资金超过9.7亿元，放流各类水产苗种和珍稀濒危物种307.7亿尾(只)，增殖放流物种近百个。"十三五"期间，全国水生生物增殖放流工作深入持续开展，放流规模和社会影响不断扩大，累计放流各类水生生物1900多亿尾。"十四五"确定适宜增殖放流水域410片，计划到2025年，增殖放流水生生物数量保持在1500亿尾左右，逐步构建"区域特色鲜明、目标定位清晰、布局科学合理、管理规范有序"的增殖放流苗种供应体系。

5．深海养殖技术

海洋渔业可分为捕捞和养殖。目前，对我国较有潜力的远洋捕捞区域有北太平洋、西南非洲、南美的秘鲁、智利外海和阿根廷哥塔巴利亚陆盆等水域，但都存在一定的困难。从长远看，海水养殖将成为未来我国渔业生物资源利用的主要方式。而抗风浪网箱则是促进海水养殖的重要手段。在国家"863 计划"支持下，我国研制出了新型深海抗风浪网箱设备，它在某些设备和技术水平上达到了国际先进水平，结构工艺方面达到国际领先水平，整体性能满足我国海况要求，且成本较低。

（二）水域污染修复技术措施

水域修复框架大体可分为：修复计划准备、生态系统健康状况评估、修复计划制订论证、修复行动实施、修复后评估和管理等阶段。通常采用的技术有：关键种群的保护与修复、重要生境的保护与恢复技术、环境污染控制技术和科学管理手段。对渔场修复的工程措施包括底质改良工程、输导工程、人工鱼礁工程、渔场动力学工程等。

在高密度养殖方式下，鱼类排泄物和高蛋白的残饵等进入水体，在适宜温度下迅速分解生成氨氮等，恶化了水生态环境，使鱼类的生长受到严重的影响，并且使河流、湖泊等发生富营养化，破坏了生态环境。去除方式有化学处理法、生物处理法和生物—生态修复法等。其中利用人工湿地去除氨氮是一种投资少、效果好，兼顾生态与经济的好方法。而利用贝类与大型海藻的组合也可去除海水养殖废水中 95% 以上的氮。我国的技术人员创造了一种室内封闭系统高密度养（海）鱼技术，已进行工厂化规模示范，通过"生物过滤循环系统""生命素 3 号"及"特殊抗体饲料配方"三项生物技术，避免了传统养殖产生的大量污水，使养殖水恢复到"最原始天然状况"，鱼、虾保持最佳生理健康状态。

"以鱼治水"或"以鱼养水"：在富营养化的湖泊水库中，适当增加鲢、鳙鱼的放养量，使其摄取大量的浮游生物，可以减轻水体富营养化的程度；在淤泥较厚的池塘、浅水湖泊中放养螺类等底栖生物，摄食淤泥中的有机碎屑，可以降低水中的有机负荷。应将传统管理的"以鱼为中心"转移到"以水为中心"的观念上来。

（三）微生物利用技术

微生态制剂是从天然环境中筛选出来的微生物菌体，经培养、繁殖后制成的含有大量有益菌的活菌制剂。在水产养殖中，它可以增强免疫防御能力，抑制病原微生物，提高免疫力；提供营养，改善机体代谢，促进动物生长；

改善水质。它无残留、无副作用，对健康养殖具有极其重要的意义。

另外对光合细菌的作用也有研究，它是一类具有原始光能合成体系的原核生物，分为产氧光合菌及不产氧光合菌两部分。前者如蓝细菌（蓝藻）和原绿藻；后者如紫细菌、日光杆菌属。实践证明，施用光合细菌后，水体中的氨氮、亚硝态氮、硫化氢等有害物质含量显著降低，水中溶氧量增加，生化需氧量（BOD）降低；以至可以减少换水次数或干脆不换水。用光合细菌制剂处理食品、酿造、制革、纤维、有机化工、人畜粪便和生活污水时，BOD 的去除率可高达 90%。同时，光合细菌菌体本身富含蛋白质，人和动物所必需的氨基酸齐全；施用光合细菌还可促进浮游动、植物的增殖，如透明蚤、轮虫等，这都可提高养殖水体的营养价值。当前我国渔用光合细菌制剂生产已实现产业化。

（四）人工鱼礁

人工鱼礁可同时起到多种作用，主要有以下几个。

（1）改善近海环境，会吸引很多附着的生物，这些生物又会吸引很多鱼虾，形成一个良性的循环。

（2）鱼礁会产生多种流态，上升流、线流、涡流等，改造环境。

（3）鱼礁体内空间可保护幼鱼从而使资源增殖。

（4）在禁渔区设置鱼礁能真正起到禁捕作用。

（五）严格质量管理

渔业生产要实行标准化生产。危害分析与关键控制点（hazard analysis and critical control point，HACCP）体系，它是当前在国际上广泛运用的一种食品安全卫生质量控制体系。它以预防为主，能够最大限度地减少危害的发生。HACCP 体系在水产品中的运用已在国际上得到重视，欧盟和北美的一些国家已强制实行水产品 HACCP 准入制度。我国虽然目前还没有强制企业执行，但是也针对我国国情制定了相应的《水产品加工质量管理规范》。

第四章　完善农村土地流转机制

发展现代农业，必须按照高产、优质、高效、生态、安全的要求，加快转变农业发展方式，推进农业科技进步和创新，加强农业物质技术装备，健全农业产业体系，提高土地产出率、资源利用率、劳动生产率，增强农业抗风险能力、国际竞争能力、可持续发展能力。农业、农村、农民问题关系党和国家事业发展全局，土地是"三农"问题的关键和核心，因此必须稳定和完善农村基本经营制度，健全严格规范的农村土地管理制度。

第一节　农村土地承包经营权的相关理论

农村土地承包经营权，是指农村土地承包人对其依法承包的土地享有占有、使用、收益和一定处分的权利。2002 年 8 月 29 日通过《农村土地承包法》使之趋于完善并增强可操作性。2018 年 12 月 29 日第十三届全国人民代表大会常务委员会第七次会议进行修订。

一、农村土地相关问题研究

（一）土地的特点

1. 土地的位置具有固定性

土地最大的自然特性是地理位置的固定性，即土地位置不能互换，不能搬动。人们通常可以搬运一切物品，房屋及其他建筑物虽然移动困难，但可拆迁重建。只有土地固定在地壳上，占有一定的空间位置，无法搬动。这一特性决定了土地的有用性和适用性随着土地位置的不同而有着较大的变化，这就要求人们必须因地制宜地利用土地；同时，这一特性也决定了土地市场是一种不完全的市场，即不是实物交易意义上的市场，而只是土地产权流动的市场。

2. 土地的面积具有有限性

土地是自然的产物，人类不能创造土地。广义土地的总面积，在地球形成后就由地球表面积所决定。人类虽然能填海造陆，围湖造田，增加耕地，但这仅仅是土地用途的转换，并没有增加土地面积。

3. 土地的永续利用具有相对性

土地作为一种生产要素，只要处理得当，土地就会不断改良。在合理使用和保护的条件下，农用土地的肥力可以不断提高，非农用土地可以反复利用，永无尽期。土地的这一自然特性，为人类合理利用和保护土地提出了客观的要求与可能。土地是一种非消耗性资源，它不会随着人们的使用而消失，相对于消耗性资源而言，土地资源在利用上具有永续性。土地利用的永续性具有两层含义：第一，作为自然的产物，它与地球共存亡，具有永不消失性；第二，作为人类的活动场所和生产资料，可以永续利用。其他的生产资料或物品，在产生过程或使用过程中会转变成另一种资料、物品，或逐渐陈旧、磨损，失去使用价值而报废。土地则不然，只要人们在使用或利用过程中注意保护它，是可以年复一年地永远使用下去的。但是，土地的这种永续利用性是相对的。只有在利用过程中维持了土地的功能，才能实现永续利用。

4. 土地的质量具有差异性

不同地域，由于地理位置及社会经济条件的差异，不仅使土地构成的诸要素（如土壤、气候、水文、地貌、植被、岩石）的自然性状不同，而且人类活动的影响也不同，从而使土地的结构和功能各异，最终表现在土地质量的差异上。

（二）我国农村土地社会保障的现状

土地在农村具有举足轻重的地位，我国传统的农村社会保障实质上就是以土地保障为核心。但是，随着市场经济的发展，土地保障作用日渐减弱，使得土地保障功能的发挥面临着许多问题。

1. 耕地质量下降

从耕地类型来看，我国耕地可分为"七块地"，即东北黑土地、北方旱地、南方水田、南方旱地、盐碱地、设施农业用地及后备耕地。以北方旱地来说，由于高强度利用、耕地浅旋、地下水超采，造成华北平原耕地耕层变浅、水肥保蓄能力差。以南方水田来说，低产水稻土面积超过 1 亿亩，集约化种植使得"瘦、板、烂、酸、冷"等水稻土典型问题日益严重。以设施农业用地来说，由于长期覆盖栽培、农药肥料高投入，设施土壤普遍出现次生盐渍化、养分失调、土传病害加重等问题。

土地保障功能持续弱化的原因是复杂的，既有人口增长的因素，也与城市化、工业化发展有关。其中最主要的是现存农村土地法律制度的不完善，导致耕地资源的过度使用和不合理开发。

2. 农村人均占有土地逐渐减少，人地关系不断恶化

第三次全国国土调查显示，2019 年底中国耕地总面积约 19.18 亿亩，比 10 年前减少 1.13 亿亩。随着城镇化的推进和产业结构的转化，我国耕地面积不断减少，农民占有的土地越来越少，人地关系不容乐观。由于耕地的减少，土地所承担的社会保障功能上升，生产资料功能下降。部分地区，由于农业经营的利益较低，土地的生产资料功能已经严重退化，并逐渐转变为单纯的保障手段。部分从事非农产业的农户，往往对土地进行粗放经营，或将土地撂荒。另外，随着工业化、城镇化的推进，必然使部分农民失去土地。在土地保障丧失而又无法进入城镇社会保障的情况下，失地农民将会面临保障缺位的困境。

3. 农业生产出现了投入与产出倒挂的现象

随着经济全球化的发展，在国际农产业的冲击下，我国生产的多数农产品提价的空间较小，而以小规模农户分散经营为主的农业组织结构，农产品成本的增长势头却一直比较强。由此导致主要农产品的生产成本占出售价格的比重越来越大，而农产品价格持续走低。在价格、成本双重因素的夹击下，我国农业经营的绝对收益已经越来越低。部分地区的农业经营已出现亏本的现象，农业生产的负担越来越重，越来越多的农民逐渐脱离农业生产，向第二、第三产业寻求生计。

二、农村土地承包经营权的基本含义

土地承包经营权是伴随着我国农村改革和家庭联产承包责任制的实行而产生的，是土地占有权中最重要、最复杂和最富有争议的财产权利。作为直接关系我国农民安身立命和农村社会稳定的财产权利，土地承包经营权应该是我国历史上涉及面最广、受惠人数最多的土地管理制度。农民在其承包经营的土地上进行的是直接、持续和稳定的农业生产活动，这就决定了农村土地承包经营权是一项长期占有土地并自主进行农业生产经营活动的财产权利。为了准确把握和正确理解农村土地承包经营权的含义，需要明确以下几点。

（一）农村土地承包经营权应是一种独立的物权

为了使农民的土地承包经营活动不受干预，土地使用权免受侵害，赋予农民以独立的占有和利用土地的权利，法律赋予土地承包经营权独立的物权地位，使土地承包经营权人不仅能对抗一般非土地权利人，而且能对抗土地所有权人，因为独立的物权意味着土地占有人与土地所有人出于平等的法律地位，相互之间以权利义务关系作为连接的纽带。法律赋予土地承包经营权以独立的物权地位，虽然不一定能杜绝土地占有人的权利和利益不受土地所有权人以及其他人的干预和侵害，但为土地占有权人寻求法律救济提供了充分的制度保障。

（二）农村土地承包经营权的主体一般是农业生产者，其标的物（客体）是农村集体所有的土地

农村土地承包经营权的主体一般情况下是从事农业生产活动的公民或集体，其他从事非农业生产活动的公民或集体不能成为农村土地承包经营权的主体。但是，随着农村经济的发展和农村改革的不断深入，土地承包经营权的主体已不限于本社区集体组织的成员，而是扩大到一切从事农业生产活动的公民或集体。农村土地承包经营权与城镇国有土地使用权一样，标的物都是土地。归属和利用二元农村土地权利制度下的农村土地承包经营权，其占有的标的物是他人的土地，即集体所有或国家所有依法由农民集体使用的耕地、林地、草地，以及其他依法用于农业的土地。

（三）土地承包经营权必须体现社会公共利益

任何民事权利都是建立在一定的客体之上的，有些客体并非仅涉及私法，民法以外的因素在影响客体的同时，也会对民事权利本身产生深刻的甚至是决定性的影响。我国的农村土地无疑就是这样一种客体。土地所有权人不得自由转让其所享有的土地所有权，其原因并不仅因为我国的土地公有制，更因为土地这一不可再生的稀缺资源所承载的社会义务和社会责任。我国以世界 7%的耕地养活着世界 21%的人口，在有限的土地上如何生产出 14 亿人所需要的粮食和其他农产品，是中国社会生存和发展的最基本的问题。土地分到一家一户，实行承包经营，生产可以由农户进行，但是，珍惜每一寸土地，合理持续利用有限的土地资源，始终是我国的基本国策和土地政策的根本，是中国社会的共同利益所在。因此，我国实行土地用途管制，不允许农村土地所有权人和占有权人任意地利用和经营土地，这是国家和社会承认与

保障农村土地民事权利的先决条件，土地承包经营权必须以一定的方式和内容体现人民群众、国家和社会的共同利益，才能取得更好的效用。

（四）土地承包经营权应包括对土地所有权主体的特定义务

在我国，农民是以非土地所有权人的身份利用农村土地，相对于农村土地所有权人，土地占有人是义务人，其所负的义务不仅是一般的对集体土地所有权的尊重，而且贯穿于占有和经营土地的整个过程之中，基于农业生产经营的特点和需要，土地承包经营权人享有广泛的占有、使用、收益和处分土地权益的权利，任何人包括土地所有权人都不得干预土地承包经营人的自主经营。但是，土地不是一般的农业生产资料，而是不可再生的稀缺的自然资源，其利用状况关系到我国农村社会乃至整个国家和社会的生存与发展，因而土地承包经营权人的自主经营不是无条件的，必须履行相应的义务，如不得抛荒、不得掠夺式经营、不得改变土地的用途等，在转让、抵押土地承包经营权时，由于涉及土地占有人的改变，因而必须得到土地所有权人的许可，等等。这些义务与土地占有权利一起构成土地承包经营权中不可缺少的内容。换言之，农村土地承包经营权是占有和经营农村土地的权利和义务的统一体，土地占有的权利和义务共同构成土地占有人与土地所有人之间平等互利的法律关系。

（五）土地承包经营权的目的是在他人土地上从事农业活动获取收益

法律将土地的利用分为两种，即农业用地和建设用地。土地承包经营权是在集体所有的土地上从事农业生产活动获取农业收益，包括耕作、畜牧及养殖等。非以从事农业生产活动为目的而使用他人土地的，不能设立或不成立土地承包经营权。土地承包经营权人在其占有的他人土地上从事农业生产和经营活动以获取收益，这就决定了其对土地的支配不是一般意义上的占有和使用。作为一个农业生产和经营者，农村土地承包经营权人必须能够在土地上进行一切农业生产经营行为，占有、使用和收益都是土地承包经营权的权能。土地上的投入和产出具有周期性、持续性等特点，因而土地承包经营权的期限不能是短期的，30年或更长的期限是农业生产稳定发展和保证土地持续利用的基本条件。

承包地在有些地方被称作"责任田"，这便意味着承包经营权人在土地上的权利和义务是统一的。责任田是农民安身立命的根基，因而土地所有权人不能不将土地承包给农民；责任田也是中国人生存和发展的根本，因而，土地承包经营权人不能不善待土地，更不能将其承包的土地随意抛荒撂荒。我们认为，随意抛荒撂荒、掠夺式使用和经营土地，以约定的方式听任土地抛荒撂荒，是土地所有权的滥用。

综上所述，只有将土地承包经营权特定内容的性质和功能予以清晰地解释，有关的立法才能全面合理地界定土地承包经营者相应的权利义务，才能进一步完善我国土地承包经营权法律制度，有效保障广大承包经营者的法律权益。

第二节　农村土地承包经营权的流转

从当前现代科技的发展速度来看，农业要实现现代化就要实现土地这一重要生产资料的集中。与此同时，中央政府多次出台政策要求加快建设社会主义新农村，实现农村土地经营权的流转。土地经营权流转是在现有土地所有制度不变的条件下，实现农村土地集中耕作的一个重要方式。自 1956 年《中国土地法》大纲颁布以后，我国一直在探索适合于我国生产发展需要的土地制度。2021 年，为了规范农村土地经营权（以下简称土地经营权）流转行为，保障流转当事人合法权益，加快农业农村现代化，维护农村社会和谐稳定，根据《中华人民共和国农村土地承包法》等法律及有关规定，制定了《农村土地经营权流转管理办法》。

一、土地经营权流转的产生

土地经营权是在农村土地集体所有的前提下，在国家政策允许和农民在法律上取得土地承包权的基础上产生的。我国农村土地所有权是与我国生产资料的社会主义公有制性质相一致的。《中华人民共和国宪法》规定："农村和城市郊区的土地，除由法律规定属于国家所有的以外，属于集体所有。"这一法律规定在我国广大农村来说就是集体土地所有。因此，我国公民不拥有土地所有权，只拥有经营权。

农村土地集体所有权表现为农民集体对其所有的土地依法占有、使用、收益和处分的权利。现行的"集体所有和家庭联产承包制度"是社会主义性质土地所有制的具体体现，是中国土地制度的一大创新，具有浓厚的中国特色。"集体所有和家庭联产承包"的农村土地集体所有权形式，经历了一个从探索到坚持长期稳定不变,并最终形成中国农村一项基本经营制度的过程。

中国农村土地集体所有权正式形成于 1956 年，其标志是第一届全国人民代表大会第三次会议通过的《高级农业生产合作社示范章程》。此后，农村土地集体所有权先后经过了合作社土地所有权、人民公社土地所有权、生产队土地所有权和现行的"集体所有，家庭联产承包制度"模式中的农村土地集体所有权四种形式。

我国现行的农村土地经营形式源自 1978 年。1978 年党的十一届三中全会以后，为了调动农民的生产积极性，党中央对农村的人民公社体制进行了改革，1979 年中共中央下发了《关于加快农业发展若干问题的决定》，提出了"包工到作业组"；1980 年印发了《关于进一步加强和完善农业生产责任制的几个问题》的通知，使包产到户在法律上得到承认。1983 年中央颁布了"一号文件"《当前农村经济政策的若干问题》，指出了要稳定和完善家庭联产承包责任制，逐步确立了中国现行的"集体所有和家庭联产承包"的农村土地集体所有权形式。

目前在农村土地集体所有权的实现上，还存在着土地集体所有权主体不明、土地使用权主体边界不清、农村土地管理混乱等问题，造成了对农民权益的侵害。学界在讨论这个问题的时候，产生了农村土地变集体所有为国家所有、变集体所有为农民私有、变集体所有为混合所有等错误观点。我们认为，解决这一问题要站在保证农村发展，满足广大农民根本利益的角度，需要从法律上不断完善现行的农村土地集体所有权制度，让这一具有伟大创造意义和浓厚中国特色的农村土地集体所有权更好地实现。由此，更加符合时代要求的土地经营权流转问题便应运而生。

二、农村集体土地流转的理论基础

农村土地经营权流转是在稳定农村土地集体所有制关系不变的前提下，实现土地经营权的转让与流动，是土地权利的分离。农户将自己从集体承包的土地转让于他人经营，实际上农户承包土地的性质并没有变化，最终土地承包权并没有发生变化，简称农村土地经营权流转。农村土地承包经营权流转与农村土地流转蕴含着不同的意义，农村土地承包经营权流转，意指不改变土地所有权性质、不改变土地承包权、不改变土地的农业用途的土地经营权流转。土地流转，可以包括上述"三不改变"土地经营权流转，也可以包括对土地所有权、承包权和使用性质改变的土地经营权流转。

研究农村土地流转方式问题，首先要弄清楚农村土地流转的理论依据问题，在理论思考之始就确立流转过程中的权利公平。

（一）物权平等保护原则

我国公民在不剥夺政治权利之前，一切权利地位是平等的。因此，在参与市场经济的过程中，各市场主体都享有平等的社会地位，遵守平等的社会规则，承担平等的社会责任。物权平等保护原则强调主体不分强弱、身份或性质，其所享有法律保护内容是相同的。在我国法律体系中，平等保护原则主要体现在以下几个方面。

1. 权利主体在法律地位上是平等的

权利主体的法律地位平等是指法律所赋予我国公民的权利和义务是平等的，在法律面前应该履行的义务也是平等的，这是我国宪法基本原则的重要体现。在市场经济条件下，我国法律参与市场经济的地位是平等的，其所享有的财产权也是相等的。权利主体的法律地位平等是发展市场经济的先决条件。如果不同主体享有不同的法律地位，就会造成基本权利问题的寻租，会造成市场混乱，从而阻碍市场经济的发展，因此也就不可能完善社会主义市场经济。

2. 权利主体适用法律规则的平等

权利主体在适用法律规则时是平等的。法律规则是法律保护权利主体法律平等地位的重要体现。因此，从这个角度看，适用法律规则平等是法律地位平等的拓展。规则是法律维持社会秩序的重要手段。任何人除了特殊情况之外都应该遵守法律规则。在处理物权的过程中，权利主体任何具体物权的取得都需要符合法律规定，应具有法律依据。

3. 物权保护的平等

权利主体一旦取得物权都应该受到法律保护。在适用法律保护之时，权利主体面临的物权保护规则也应是相同的。权利主体认为自身权利受到侵害时，权利主体可以按照我国法律规定处理物权纠纷。在处理物权纠纷之时，双方所适用的规则是对等的。法律将按照一个规则处理物权纠纷。双方的地位也是相等的。在处理纠纷时，双方无论是国家、集体或者私人，其物权在法律地位上是平等的，任何单位和个人不得越过法律界限。

（二）土地发展权理论

1. 土地发展权的概念

土地发展权概念始于 20 世纪 50 年代，是英、美、法等国相继设置的土地产权制度发展的基础。土地发展权在我国的发展比较缓慢。目前我国存在大量土地交易的情况，尽管如此，我国仍然没有相关制度设置。因此，自 20 世纪 90 年代以来，我国国内不少学者分别从法学、经济学和土地资源的角度，做了大量土地发展理论探讨工作。从我国学者的探讨来看，土地发展权的概念有狭义和广义两种。狭义的土地发展权认为土地所有权人有将自己拥有的土地变更用途或在土地上兴建建筑改良物而获利的权利。广义的土地发展权则认为土地所有权人有利用和再开发土地并因此获利的权利，包括在空间上向纵深方向发展、在使用时变更土地用途的权利。其中，农村土地发展权指土地用途由农用地转为建设用地的使用之权，主要包括：国家通过征地将农村集体农用地转为国家建设用地，农村集体农用地依法转为农村集体建设用地，国有农用地依法转为国有建设用地。

2．土地发展权的归属与流转

土地发展权的权利主体问题涉及政府、土地所有者、土地使用人等各方对土地增值收益的分割。在土地发展权的归属上，目前学界存在着简单归公或者归私的论调。这两种论调其实都是一种绝对产权观念，与我国现有国情并不相符。先看简单归公。这种论调看似能够减少土地交易投机，实际上却缺乏公平，农民投资获得利益不能得到保障，而且农村土地保护也不能有效开展。再看简单归私。这种论调，与归公的论调刚好相反，太过激进，可操作性差，容易损害公共利益。因此，二元主体论，即国家和农民同样作为土地发展权的主体，国家和个人同时从土地增值之中获得土地增值收益，则能够起到兼顾效率与公平的作用。

（三）城乡经济社会发展一体化理论

我国社会目前面临的主要问题是如何建立一套有效的制度实现城乡的协调发展。从当前城乡发展的现状来看，我国需要尽快在城乡建设规划、产业布局、基础设施建设、公共服务、劳动就业一体化等方面取得突破，促进农村发展，最终实现生产生活要素在城乡均衡配置，实现城乡发展一体化。

1．城乡建设规划一体化

我国要在科学编制的基础上提高土地规划的执行力，针对城市、乡村各自情况，科学布局城乡一体化空间，深化调整土地规划，准确定位的同时明确乡镇具有的功能作用，大力建设重点镇、重点区域，在强化管理、系统规划的过程中促使村庄布局规划工作有序开展。围绕现阶段用地需求量大以及土地资源利用紧张，在统筹兼顾、把握整体利益的基础上站在城乡长远发展的视角，科学划定已建区、限建区、适建区，保护敏感环境区域。针对可以适度建设的各个区域，采用引导性限制策略；针对可以高度开发的各个区域，采用政策支持的策略，在各方面协调统一过程中促使城乡各类土地利用更具持续性。

2. 实现城乡产业一体化

城乡产业一体化是促进城乡经济社会发展一体化的重要环节。这一环节关系到城市和乡村的多个方面。总起来看，要实现城乡产业一体化，我国就需要从体制、规划、政策等多个方面解决城乡产业分割问题，顺应城乡经济社会发展不断融合的社会发展趋势。首先，要制定一套行之有效的制度体系，引导资金流、人才流的合理流动，使其向农村倾斜，促进农村产业同城市的接轨。其次，要注重农村环境保护，保证人与自然和谐相处。农村是一片产业发展净土，要严格按照建设中国特色社会主义五位一体的总布局实现城市与乡村的和谐发展。最后，要实现农村各类产业的协调发展。对农村各类产业要进行整体设计，实现农村一、二、三产业协同发展。不仅如此，在进行整体设计时，设计者眼光还要放在农村与城市相连区域，从城市与乡村整体考虑。

3. 实现城市与乡村公共服务一体化

城市与乡村的关键问题还有公共服务。我国城市之所以领先乡村的发展，除了政策倾斜之外，还有城市公共服务较农村先进，比较突出的问题就在于教育、医疗和交通。城市社会的教育资源、医疗资源和交通资源都优于农村，吸引了社会大规模的劳动力，从而加速了城市的发展。因此，要实现城乡一体化就要实现城乡在公共服务上的一体化。

我国政府要加大对农村安全饮水、稳定电力、便利交通、安全通信和垃圾处理等问题上的投入，保证这些方面实现城乡共建、城乡联网、城乡共用。为了实现农村地区的长期稳定发展，我国政府还要加大对农村教育和医疗的投入，要保证城乡在教育资源和医疗资源上的均衡。其他基本方面也值得注意，如城乡文化资源、体育资源、住房保障资源等方面的均衡。

4. 统筹城乡劳动就业

就业是关系城乡民生的一个重要问题，不仅对城市重要，对农村也同样重要。农村土地大规模经营流转之后，面临的一个重要问题就是失地农民的去向。农民进入城市就业有一定的知识障碍，大部分农民接受的教育水平比较低，缺乏城市就业所需要的职业技能。因此在就业时，很多农民往往都只能选择一些不需要技能的职业。这一点从当前我国社会的农民工现象中就可以看到。农民工在城市的职业大多是建筑工人、生产线普通工人、店面售货员，等等。这些岗位上的职工在城市的收入水平普遍偏低，难以有效应对他们在城市的必需生活消费。这就给他们以后在城市生活带来困难。因此，我国政府要实现城市与农村就业的一体化，就要对农民再就业进行培训，使他们具备走向岗位的必备职业技能，有在城市生活的基本能力。

5. 实现城乡社会服务和管理一体化

城市人口流动是城市发展的自然现象。有人来，有人走，为城市的发展带来了活力。随着当前我国城市发展节奏的加快，农民工犹如候鸟一般带着他们的家人和期盼来往于不同的城市之间，来往于城市与乡村之间。这些人的活动确实给我们的城市、给我们的国家带来了大批量的劳动力，加速了社会的发展。作为政府，必须考虑这些人的合法利益，统筹兼顾为这一群体提供保障。为了满足这一群体的需要，政府应做出一些必要的措施，提供良好的社会服务，保障这些人的权益。首先，要建立适应这一群体的社会保障制度，使他们住有所居、病有所医、学有所教、老有所养。其次，要建立适当的流动人口管理制度，登记造册，稳定社会秩序。最后，逐步实现城乡一体化，最终为这个群体创造一个良好的社会环境。

第三节　中国农村土地规模经营

新型农业经营体系的建立和发展以及新型农业生产经营主体的转变必然需要农村土地规模经营作为支撑。农村土地规模经营是加快发展现代农业、推动农村经济发展、提高农民生活水平的必由之路，其施行迫在眉睫。

一、实行土地规模经营的必要性

（一）实现农业现代化要求土地规模经营

自实施家庭联产承包责任制以来，农民的生产积极性被调动起来，温饱问题得到了解决。但在社会化大生产的环境下，这种传统经营模式的弊端日益显现。近些年我国农业生产率有了一定程度的提高，但是由于我国土地经营分散，不利于先进农业机械和科学技术的大规模推广，农业生产在很大程度上还要依靠精耕细作，投入成本严重超过产出效益。要推动农业的发展，实现农业农村的现代化，就要转变传统的土地耕作模式，推动土地的规模化经营和发展。

（二）实现农民增收要求土地规模经营

家庭联产承包责任制基本解决了农民的温饱问题，目前农民迫切需要的是增产、增收、致富。家庭联产承包责任制下，小规模的农户经营无法实现降低生产成本，提高农产品收益，要增加农民收入必须依靠土地规模经营。农业对农民收入的贡献较小，无法带动农民走上致富之路，现代农业经营体系也就无法实现。因此，必须转变农民的经济增长方式，实行土地规模经营，进一步解放劳动力。

（三）提高农业国际竞争力要求土地规模经营

加入世贸组织后，中国的农产品市场面向世界开放，但我国农产品在国际市场上的竞争能力较低。影响农产品国际竞争力的因素很多：一是价格因素，由于我国农业生产为家庭经营模式，机械化难以大规模推广，农产品成本普遍高于发达国家水平，致使我国农产品没有价格优势，难以在国际市场上占有一席之地。二是技术因素，由于土地分散，先进科技成果在农村难以推广。因此，要转变我国农产品一直处于贸易逆差的局面，扭转贸易赤字现象，提升农产品的国际竞争地位，必然要求降低价格，丰富品种，提高质量。然而，我国的家庭经营模式无法实现大机械化生产，需要人力和畜力耕种，生产成本无法降低。由于户均耕地少、资金不足，耕作的目标只限于自给自足，阻碍了先进农业科技成果和种植技术的推广应用，无法提高农产品的科技含量和品质。因此，要提高农产品的国际竞争力，必须推行土地规模经营。

二、土地规模经营的影响因素

（一）经济因素

1. 第二、三产业的发展

目前，我国的人均耕地为 0.007 平方公里，仅为世界水平的 40%。农民将土地视生存之本，不愿将土地流转出去。然而新生代农民恋土情结较弱，并且接受过较高的文化教育，在生存技能、文化知识和心理上更能适应城市生活。他们向往城市生活，希望进城定居，第二、三产业的发展为他们提供了良好契机。随着科学技术发展，第二、三产业将衍生出更多行业，要求更多劳动力参与到社会化大生产中，农民也将迎来更多的就业机会，缓解人多地少的矛盾。此外，农村劳动力在城市就业的工资收入明显高于土地收入，也是吸引农村劳动力向城市转移的重要原因，并且为土地流转提供了契机，促进了土地规模化经营的发展。农民通过第一产业获得的人均纯收入与第二、第三产业相比存在一定差距，这削弱了农村劳动力进入农业服务产业的积极性，使得我国农业服务产业发展缓慢，这也对当前的土地规模经营产生了一定影响。

2. 机械化水平

机械化水平与土地规模经营是密不可分的。机械化生产可以减少人力、畜力投入量，降低生产成本，实行标准化作业，加快新技术、新科技成果的推广应用，提高农业综合生产能力，增加农民收入；替代传统的精耕细作，通过提供一条龙生产作业，使农村劳动力从土地中解放出来，有更多时间和精力在城市务工，解决了外出务工的农村劳动力农忙时返乡农作的后顾之忧，增加了外出务工的稳定性。

3. 土地产权问题

首先，农村土地所有制实现形式存在问题。比如，我国农村土地所有制结构在法律形式上表现为组、村、乡三级所有，看似界限清晰，但实际操作中问题重重。农村集体经济组织法人是农村土地的所有者，但是如何进行界定一直没有明确的方式。此外按照我国土地产权的归属土地权属变更需要一人一票决定，但很多农民已进入城市，如何合理进行土地权属的变革，又如何避免土地过度集权化也是需要解决和思考的问题。

其次，农民的土地权益保障难。《中华人民共和国土地承包法》规定："耕地的承包期为三十年，耕地承包期届满后再延长三十年。"农民承包后拥有土地所有权以外的权利，可以将承包的土地流转出去。《中华人民共和国土地承包法》第十七条规定："承包地被依法征收、征用、占用的，有权依法获得相应的补偿。"为了规范土地征用行为，《中华人民共和国土地管理法》规定："征收农用地的土地补偿费、安置补助费标准由省、自治区、直辖市通过制定公布区片综合地价确定。"虽然我国政府为了保证农民在土地征用中的合法权益加强了立法，但是在实际执行过程中由于征地情况非常复杂，各地标准无法统一，造成了不少的矛盾和冲突，农民的土地使用权和补偿权受到了一定程度的侵害。在土地流转过程中，双方切身利益得不到保障，削弱了农民流转土地的积极性，影响了土地规模经营的进程。

4．土地流转问题

2021 年 3 月农业农村部颁布《农村土地经营权流转管理办法》，明确要求各地建立土地经营权流转市场或农村产权交易市场，建立健全运行规则，开展土地经营权流转政策咨询、信息发布、合同签订、交易鉴证、权益评估、融资担保、档案管理等服务，引导和促进土地经营权规范、有序流转。但是由于制度颁布时间短，虽然土地流转有据可依，但长期以来遗留的各种土地流转问题和障碍并没有得到根本性的解决，这使得当前的土地流转还存在一些障碍，比如土地流转的转出方和转入方未办理土地流转公证，亲戚之间的土地流转只是口头约定等问题仍然广泛存在。不过我们相信随着时间的发展，在《农村土地经营权流转管理办法》的规范下，这些问题会逐渐得到解决。

（二）社会因素

1．户籍管理制度

1958 年以来，我国实行严格的二元化户籍管理制度，通过法律形式限制农民进入城市，制约了农民和市民之间身份的转换。随着经济的不断发展，二元化户籍管理制度的弊病日益显现。城市的发展必须补充劳动力，这为农村劳动力向城市转移提供了机会。在城市中，多数农民工在就业领域、工薪报酬、看病就医和子女上学等方面都无法享有与市民相同的待遇，且农民工文化知识水平和专业技术能力有限，使得他们不得不面临农业户口转变为城市户口的高门槛，削弱了农村劳动力在城市进行生产的积极性。

2．社会保障制度

首先，新型农村社会养老保险，通过个人缴费、集体补助和政府补助相结合的方式进行筹资，减轻了农民参与农村养老保险的负担。受收入水平限制，多数农民每年个人缴费水平较低，由此计算出 60 周岁后每月领取的保险金额也较少，对于丧失劳动力的农民来说作用不大，农民觉得依靠土地养老更踏实。

其次，农民工养老保险制度不健全。《农民工参加基本养老保险办法》规定：农民工达到领取养老金年龄但缴费年限不足 15 年，参加了新型农村社会养老保险的，社保机构负责将其基本养老保险资金转入户口所在地新型农村社会养老保险，享受相关待遇。而"相关待遇"是按照"新农保"的计算方法领取，还是按照基本养老保险和"新农保"的加权平均数领取未做出明文规定，令农民工因害怕自己的血汗钱不能足额按月领取，而降低了农民工参加基本养老保险的积极性。社会保障制度不健全，农民不愿流转出土地，阻碍土地规模经营进程。

3. 土地流转中介组织

土地流转中介组织缺失或机构不够完善，信息不畅通，减慢了土地规模经营的速度。有些农户常年在城市生活，有把土地流转出去的意愿，但由于缺乏中介提供流转信息，土地不能及时进行流转，最后只能粗放经营甚至撂荒。部分农户有实行土地规模经营，成为种粮大户的想法，但无法获得土地流转信息，无法从其他农户手中获得土地使用权。土地流转中介组织的缺失或者机构不完善使得土地流转信息不能及时公开发布，无法将有土地流转意愿的双方紧密联系起来，使得土地集中工作困难加大，阻碍了土地规模经营的进程。因此，农村地区土地流转工作的开展，需要做好中介组织建设，才能更好地推动土地规模化经营的发展。

（三）资金因素

近年来，国家出台了相关政策扶持农业生产，但是农业仍然是我国的弱势产业，农作物抵御自然风险的能力低，要想把农业发展壮大，就要提高机械化水平，实行土地规模经营。即使土地集中连片，具备了实施机械化的条件，但购买大型农机的资金远远超出农户可以负担的水平，这就需要国家金融政策支持，帮助农民实现土地机械化。目前，由于农户可提供的抵押物少，农业的投入产出比相对于其他行业低很多，银行出于风险考虑，对农户的信贷规模控制非常严格，贷款利率水平往往超出了农业生产收益率水平，这影响了农业机械化的步伐，也极大地影响了土地规模经营的顺利实施。

（四）农民自身因素

1. 农民的恋土情结

受传统观念的影响，农民非常重视土地，所以即使无力耕种宁可撂荒，也不愿放弃土地使用权。近年来，城市化进程不断加快，城市范围向郊区扩展，郊区的土地价格呈上升趋势，郊区农民更将土地视为可增值的资产，等综合开发时得到一笔可观的补偿费。因此，郊区的农民不会把土地流转出去，即使流转出去，补偿款在土地的转出方和转入方之间的分配又成了困扰农民的一大难题。上述原因限制了土地的流转和集中，加大了土地规模经营的难度。

2．劳动力素质

我国农村劳动力文化素质总体偏低，严重制约了土地规模经营的进程。首先，现代农业科研成果和生产技术要求具有高文化素质的农民来掌握并运用。由于文化素质偏低，农村劳动力接受起来非常吃力，运用时难以做到得心应手，阻碍了农业现代化推进的步伐，减慢了土地规模经营的速度。其次，农村劳动力没有一技之长，就业空间狭窄，进城务工也是依靠体力从事最基础、最简单的生产劳动，劳动收入很低，无法在城市中安身立业，最终会回到农村依靠土地养老。农村劳动力文化素质偏低的现状只会让农民紧紧抓住手中的土地，不会将土地进行流转或者集中起来规模经营。

三、促进农村土地规模经营的对策及建议

（一）经济方面

1．积极发展第二、三产业

首先，积极推动小城镇经济。选取基础设施条件好、发展潜力大的小城镇作为发展重点，根据当地实际情况、全方位整合各类资源、招商引资，积极发展工业、旅游业、餐饮业等劳动密集型产业，最大限度吸引农村劳动力。

其次，大力发展乡镇企业。乡镇企业可以充分利用当地自然资源和劳动力资源等优势，重点发展农产品加工和销售等行业。各级政府应加大对乡镇企业的投资和支持力度，根据乡镇企业周围农村的农业生产情况和区域经济发展状况，引导乡镇企业发展方向，根据市场需求调整产业结构，鼓励发展特色经济。同时改善乡镇企业的发展环境，加强农村基础设施建设，构建公平、开放、有序的市场环境；在乡镇企业贷款、融资方面给予政策优惠，降低贷款门槛，突破乡镇企业发展的瓶颈。

2．提高机械化水平

农民的收入有限，购买力水平不高，提高机械化水平离不开政府的支持。政府应加大对农机具的资金投入，提高购买农机具的补贴力度，调动农民购买农机具的热情；加大对农机具的研究和开发力度，鼓励科技人员对农机具进行科技创新。县级政府组织专业技术组织向农民讲解农机具知

识，提高农民的操作水平，同时为农民提供专业维修。此外，政府应在农用燃油方面提高财政补贴，以降低农业机械化生产的成本。

3. 完善农村土地产权制度

首先，明确土地所有权。通过立法的形式明确农村集体经济组织拥有土地所有权，享有农村土地的占有、使用、收益和处分权。如果农村集体经济组织不存在，则由村民委员会行使管理和发包权。除国家征用土地等情况外，集体土地所有权不得随意变更。

其次，保障土地承包使用权。保障农民承包土地使用权的稳定性，推动农业生产的长期性和稳定性。国家征用土地时，要充分尊重农民意愿，遵循"先补贴后征用"的原则；在法律上明确国家补偿款在土地流转双方的分配方式；建立补偿款监督机制，保证补贴资金的安全和及时到位，以保障丧失土地承包权农民的经济利益。

（二）社会方面

1. 优化户籍制度

逐步优化户籍管理制度，使进城务工的农村劳动力可以享受与市民相同的待遇，不仅有利于城市经济的稳定发展，也有利于农村劳动力彻底脱离土地，推动土地规模经营的开展和实施。对于中小城市，可以按照实际居住地登记落户的原则，将进城务工的农村劳动力视为市民中的一员，给予和市民相同的待遇。根据《中华人民共和国承包法》的规定："国家保护进城农户的土地承包经营权。不得以退出土地承包经营权作为农户进城落户的条件；承包期内，承包农户进城落户的，引导支持其按照自愿有偿原则依法在本集体经济组织内转让土地承包经营权或者将承包地交回发包方，也可以鼓励其流转土地经营权。"

2. 完善社会保障制度

首先，加大对农村社会保障的财政投入力度，提高补助水平。针对流转出土地的农民设立专门的保险制度，提供更高水平的养老保险。对于自愿流转出土地的农民，根据年龄划分不同的养老保险水平，对于流转出土地且丧失劳动力的农民，要保障其基本生活水平。对于进城务工、工作稳定的农民工，鼓励他们置换成市民身份，在城市购房方面根据土地面积给予政策支持和补贴，纳入城镇社会保险体系，享受城镇居民的待遇。

其次，提升农村社会保障经办机构服务能力，建立资金监督机制。强化经办机构人员服务意识，树立以保障农民权益为己任的思想意识，让农民享受到最优质、最高效的服务。规范保证每笔资金支出的用途和发放，任何单位和个人不能挪用。保证资金能够保值增值，不因通货膨胀问题受到损失，保障农民缴纳的资金安全。

3. 建立健全土地流转中介组织

建立健全土地流转中介组织，将转出土地的信息登记备案，发布信息，并提供土地评估等服务，为农民提供价格指导，保障农民以合理价格流转土地。想转入土地的农民可以通过中介发布信息。中介建立土地流转信息库，将土地流转方向、规模、价格等信息备案，为解决农户之间的土地纠纷提供依据。

（三）政策方面

首先，加大国家政策宣传。国家出台了关于土地流转和土地规模经营的相关法规和条例，但是农民对其认识并不深刻。政府应充分利用广播、电视、墙体广告等形式，向农民宣传加快土地流转和规模经营的政策法规，并大力宣传通过土地流转实行规模经营促进土地转入方和转出方发家致富的典型案例，充分唤醒土地流转的意识，改变固有的小农观念。

其次，加大政策扶持力度。农业高风险、低回报率的特点决定了需要更多的政策和资金支持。地方政府应出台优惠政策，鼓励建立专门服务于农村经济建设的金融机构，以利率低、期限长的优势，将存款放贷给需要大量资金支持的农民。根据农民自身情况丰富信贷产品种类，为农民提供更多贷款渠道。对实行土地规模经营的农户制定扶持政策，进一步减免税收，在购买先进农机设备时给予更多补贴，降低银行贷款利率，延长银行贷款期限，对土地规模经营效益好的农户给予奖励，鼓励更多农民参与土地规模经营。

（四）农民自身方面

1. 减弱"恋土"情节

对于进城务工的农村劳动力，放宽农转非的条件，鼓励农民进程生活，完善社会保障体系。对于近郊的农民，允许转为城市户口的农民在一定年限内保留农村土地的承包权。保留土地承包权期间，一旦发生征用，按照土地面积分得一定数额的赔偿或一定面积的楼房，超过保留年限，政府按照一定的补偿标准有偿收回土地；对于流转土地双方，严格按照土地流转合同中的相关规定对土地补偿费进行分配，以减弱农民的恋土情节，并使农民在脱离土地的同时得到实惠。

2. 提高农民素质

首先，加强对农村劳动力的非农技能培训。农民除了传统耕作技能外，一般没有其他技能，因此，加强对农民的非农技能培训工作迫在眉睫。可以将各个县的职业技术学校作为培训农村劳动力技能的基地，或者开展职业技术学校老师下乡活动，向农民讲授技术知识，指导技能操作，使农民进城轻松找到工作，并能根据爱好选择职业，不再依靠土地为生。

其次，对实行土地规模经营的农民加强技术培训。推行土地规模经营必然涉及机械化生产和资源配置等，而农民没有学过系统的规模经营和管理知识，不懂得操作农业机械设备和农业经营管理知识。要想让这些新型农民掌握科技、了解市场需求、有效管理大规模土地，必须进行专门技术培训，提高素质，把他们培养成农民企业家。

四、农村土地适度经营规模判定标准和测量模型的选定

（一）农村土地适度经营规模判定标准的选定

所谓适度规模是指在这一规模之下土地经营处于规模报酬递增阶段。农村土地适度规模经营标准的选定是与当地的条件紧密相关的，并不是整齐划一地设定一个适用于全国的标准。从宏观上来说，农村土地适度规模经营标准的选定是与当地的生产力水平和自然地理环境紧密联系的。生产力水平高、自然地理条件较好的地区其"适度"的农村土地经营规模也就越高。

农村土地适度规模经营可以促进科技在农业生产中的推广和应用、促进资金的投入和土地产出率、劳动产出率和经营效益的提高，因此，在现代农村土地经营中，要取得好的经济效益，必须把握好一个适度的规模。当经营规模小于现有生产力水平时，就会造成生产要素大量闲置，扩大规模会促进产出的增加；反之，当经营规模大于现有生产力水平时，会产生内部监督失效等激励问题，导致经济效益下降，从而出现规模不经济或规模经营的低效率。

推行农村土地规模经营的难点主要在于如何把握规模经营的适度性问题。"适度"的把握，既是实践中的一个现实问题，也是理论上的一大难题。一方面，农村土地经营规模具有一定的动态性，在不同的发展时期会产生

不同的适度规模值。农村土地经营的适度规模值是多种自然因素和经济条件综合作用的结果，随着各种条件的变化，适度值也必然会随之变化而呈现出动态性，工业化水平的提高、农业劳动力转移、农村土地流转的现状，都必然影响到农村土地经营的适度规模值。另一方面，农村土地规模经营又具有一定的层次性，例如农业机械、农业劳动力等生产力要素的数量和质量不同以及农业生产经营的形式不同，也会有不同的农村土地经营的适度规模值。我们在具体测度某一区域农村土地经营的适度规模值时，要坚持具体问题具体分析。

适度的、合理的和最佳的农村土地经营规模需要用一些经济指标进行具体分析判断。判定最优土地经营规模的标准或者指标是多层次、多样化的，不存在一个普适性的最优土地经营规模。也就是说，农村土地经营规模是否适度是针对一定的评价目标而言的。不同的目标就会出现不同的判断标准，从而也会有不同的土地适度经营规模。因此，对农村土地适度经营规模的测算首先要对目标和评价标准进行选择。目前，最优的土地规模经营面积的判定目标包括宏观层面和微观两个层面，宏观层面主要从整个社会效益的最大化（或农产品总产量的最大化）来考虑农业生产经营的最佳规模，微观层面主要从自身微观利益的最大化来考虑农业生产经营的最佳规模。

（二）农村土地适度经营规模计量测度模型的选定

基于农村土地经营规模的动态性以及农业发展的具体情况，在确定了最优土地经营规模的评定标准后，对计量模型进行选定。计量模型是在参考了钱贵霞、李宁辉和陈艳红的计量模型后，利用柯布－道格拉斯生产函数（CD 函数）进行推导而来，可以对最优土地经营规模值进行估算。

1. 模型的设定与说明

生产函数采用 CD 生产函数，模型如下。

（1）土地的粮食总产出 Q 表示如下：

$$Q = AL^{\alpha}K^{\beta}H^{\gamma}$$

式中，L 为劳动力投入量，K 为资本投入量，H 为土地投入量，α、β、γ 分别为劳动力、资本和土地产出弹性，A 为其他影响农产品生产各种因素的作用和。

满足：$0 < \alpha$，β，$\gamma < 1$；

$$\partial Q / \partial L > 0; \partial Q / \partial K > 0; \partial Q / \partial H > 0 ;$$

$$\partial^2 Q / \partial L^2 < 0; \partial^2 Q / \partial K^2 < 0; \partial^2 Q / \partial H^2 < 0。$$

（2）土地生产的总成本 C 表示如下：

$$C = wL + rK + nH$$

式中，w，r，n 分别代表劳动力的工资、资本的价格和土地的地租。

（3）土地的总收益表示为：

$$TR = P*Q - C = P*AL^{\alpha}K^{\beta}H^{\gamma} - wL - rK - nH$$

式中，P 代表农产品市场的价格。

综上所述，最优土地规模经营模型为：

$$\max TR = \max(P*AL^{\alpha}K^{\beta}H^{\gamma} - wL - rK - nH)$$

$$\text{s.t} \begin{cases} \partial TR / \partial L = \alpha * P * AL^{\alpha-1}K^{\beta}H^{\gamma} - w \\ \partial TR / \partial K = \beta * P * AL^{\alpha}K^{\beta-1}H^{\gamma} - r \\ \partial TR / \partial H = \gamma * P * AL^{\alpha}K^{\beta}H^{\gamma-1} - n \end{cases}$$

2. 最优土地经营规模的确定

通过总收益最大时的均衡解，得出最优的土地经营规模：

$$\frac{H^*}{L^*} = \frac{\gamma}{\alpha} * \frac{w}{n}$$

公式表示的是在模型存在均衡解的条件下，最优的人均耕地面积。可见，最优人均耕地面积取决于土地产出弹性、劳动力工资、劳动力产出弹性和土地地租四个变量，最优人均耕地面积与土地产出弹性、劳动力工资成正比，与劳动力产出弹性和土地地租成反比。它表明：

（1）在粮食生产依赖于土地的情况下，要想获得较高的收益则需要投入更多的土地，即土地产出弹性大，结果就是人均耕地数量增加，反之，土地产出弹性小则人均耕地数量减少。

（2）如果劳动力较土地稀缺，人均耕地数量增加，劳动力不足，工资上涨；反之，如果劳动力较土地丰富，人均耕地资源减少，劳动力过剩，工资下降。

（3）如果农民从事非农产业机会多，从事非农产业的工资上涨，则劳动力产出弹性大，会使从事农业的劳动力减少，从而带来人均耕地数量的增长；反之，人均耕地数量减少。

（4）如果土地稀缺，土地地租较高，则人均耕地数量小；反之，则人均耕地数量增大。

单位土地面积上的最优资本投入量为:

$$\frac{K^*}{H^*} = \frac{\beta}{\lambda} * \frac{n}{r}$$

公式代表单位土地面积上的最优资本投入量,它也取决于四个变量:
分别是资本产出弹性、土地产出弹性、土地地租和资本价格。

第五章　构建精准农业技术体系

精准农业技术被认为是21世纪农业科技发展的前沿,是科技含量最高、集成综合性最强的现代农业生产管理技术之一。可以预言,它的应用实践和快速发展,将使人类充分挖掘农田最大的生产潜力、合理利用水肥资源、减少环境污染、大幅度提高农产品产量和品质成为可能。实施精准农业也是解决我国农业由传统农业向现代农业发展过程中所面临的确保农产品总量、调整农业产业结构、改善农产品品质和质量、资源严重不足且利用率低、环境污染等问题的有效方式,将成为我国农业科技革命的重要内容。

第一节　精准农业的内涵及原理

一、精准农业的内涵与特点

(一) 精准农业的内涵

精准农业 (Precision agriculture 或 Precision farming) 也叫精细农业、精确农业、精致农业、精细农作等,精准农业是利用3S空间信息技术和农作物生产管理决策支持系统 (DSS) 为基础的面向大田作物生产的精细农作技术,即利用遥感技术宏观控制和测量,地理信息技术采集、存贮、分析和输出地面或田块所需的要素资料,以全球定位系统将地面精确测量和定位,再与地面的信息转换和定时控制系统相配合,产生决策,按区内要素的空间变量数据精确设定和实施最佳播种、施肥、灌溉、用药等多种农事操作。实现在减少投入的情况下增加(或维持)产量、降低成本、减少环境污染、节约资源、保护生态环境,实现农业的可持续发展。精准农业具有地域性、综合性、系统性、渐进性、可操作性。

精准农业是一种现代化农业理念,是指基于变异的一种田间管理手段。农田里田间土壤、作物的特性都不是均一的,是随着时间、空间变化的。而在传统的、目前仍在采用的农田管理中,都认为是均一的,采用统一的施肥时间、施肥量。实际存在的差别、空间变异使得目前这种按均一进行田间作业的方式主要有两种弊端。第一，浪费资源，为了使贫瘠缺肥的地块也能获得高收成，就把施肥量设定得比较高，那么本来就比较肥沃的地就浪费了；第二，这些过量施用的农药、肥料会流入地表水和地下水，引起环境污染。

在这种情况下提出精准农业，根据田间变异来确定最合适的管理决策，目标是在降低消耗、保护环境的前提下，获得最佳的收成。精准农业本身是一种可持续发展的理念，是一种管理方式。但是为了达到这个目标，需要三方面的工作。首先，获得田间数据；其次，根据收集的数据做出作业决策，决定施肥量、时间、地点；最后，需要机器来完成。这三个方面的工作仅凭人力是无法很好完成的，因此需要现代技术来支撑，也就是所谓的 3S 技术——RS（遥感，用于收集数据）、GIS（地理信息系统，用于处理数据）、GPS（定位系统），并且最终需要利用机器人等先进机械来完成决策。这两点结合即平时所说的农业信息化和农业机械化。全国目前推行的测土配方施肥工程就是精准农业的范例。测土配方施肥技术是指通过土壤测试，及时掌握土壤肥力状况，按不同作物的需肥特征和农业生产要求，实行肥料的适量配比，提高肥料养分利用率。

（二）精准农业的特点

精准农业技术体系是农学、农业工程、电子与信息科技、管理科学等多种学科知识的组装集成，其应用研究发展对推动我国基于知识和信息的传统农业现代化具有深远的战略意义。精准农业具有以下几个特征。

1. 综合性

精准农业涉及农业科学、电子学、信息学、生态学等多种学科的理论和技术，它的实施又需要各学科的单项技术、学科内的技术组合、学科间的技术组合才能完成其技术体系。因此，精准农业无论从指导思想、方法论、理论与技术基础，还是从各种单项与多项技术的集成上都需要有综合的思想和观念。

2. 地域性

不同地域的农业生产条件、技术水平、资源与环境条件不同，精准农业实施的重点和角度就不一样。我国具有多种多样的区域类型，有山区、平原、草原、沙漠、森林等陆地生态系统，又有湿地、滩涂、浅海等生态系统，区域不同，精准农业的实施千差万别。不同区域实施精准农业要依其区域特点选择适合的精准农业类型。按其代表类型区域，精准农业可划分为：山区精准农业、高产农区精准农业、滩涂区精准渔业、荒漠化区精准农业、草原区精准牧业、高原区精准农业等。

3. 渐进性

精准农业的实施受到技术水平的制约，而技术水平有一个逐步的、渐进的提高过程，因此精准农业不可能短期内实现，应是一个渐进的过程。再者，精准农业实施的对象也处于动态的发展过程，精准农业将随着其动态变化而变化。因此，精准农业的实施不是一蹴而就的，是一个循序渐进的过程。

4. 系统性

精准农业是一个复杂的农业生态系统，追求的是系统的稳定、高效，各组分之间必须有适当的比例关系和明显的功能分工与协调，只有这样才能使系统顺利完成能量、物质、信息、价值的转换和流通，因此系统性是精准农业的特征之一。在精准农业系统中涉及精确指标技术体系、资源环境技术、资源与变量投入技术、3S 技术、智能化农机具、人工智能与自动控制技术、信息实时采集与传感技术、集成技术等，各组分或子系统既有合作又有分工，通过一定的关系发生相互作用，形成具有特定功能的有机整体。

5. 可操作性

精准农业必须要求一定的可操作性，也就是要落实到具体生产实践过程中。这种可操作性依据区域生态、环境与经济社会条件和技术水平的差异而不同。一般地，技术水平发展越高，区域社会——经济——自然复合生态系统结构越合理，可操作性越强。

（三）精准农业的优势

与传统农业相比，精准农业具有以下优势。

1. 减少水资源浪费

目前，传统农业因大水漫灌和沟渠渗漏对灌溉水的利用率只有 40% 左右，精准农业可由作物动态监控技术定时定量供给水分，可通过滴灌微灌等一系列新型灌溉技术，使水的消耗量减少到最低限度，并能获取尽可能高的产量。

2. 合理施用化肥，降低生产成本，减少环境污染

精准农业采用因土、因作物、因时全面平衡施肥，彻底扭转传统农业中因经验施肥而造成的三多三少（化肥多，有机肥少；N 肥多，P、K 肥少；

三要素肥多，微量元素少），N、P、K肥比例失调的状况，因此有明显的经济和环境效益。

3. 节本增效，省工省时，优质高产

精准农业采取精细播种、精细收获技术，并将精细种子工程与精细播种技术有机地结合起来，使农业低耗、优质、高效成为现实。在一般情况下，精细播种比传统播种增产18%~30%，省工2~3个。

4. 农作物的物质营养得到合理利用，保证了农产品的产量和质量

因为精准农业通过采用先进的现代化高新技术，对农作物的生产过程进行动态监测和控制，并根据其结果采取相应的措施。

二、国内精准农业的研究现状

精准农业是一项新生的技术，在国内出现的时间很短。直到20世纪90年代中后期国内才有这一概念。随着信息技术飞速发展，精准农业的思想日益为科技界和社会广为接受，并在实践上有一些应用。例如，1992年北京顺义区在1.5万公顷的耕地范围内用GPS导航开展了防治蚜虫的试验示范。在遥感应用方面，我国已成为遥感大国，在农业监测、作物估产、资源规划等方面已有广泛的应用。在地理信息系统方面，应用更加广泛。1997年，辽宁省用GIS在辽河平原进行了农业生态管理的应用研究；吉林省结合其省农业信息网开发了"万维网地理信息系统（GIS）"；北京密云县用GIS技术建立了县级农业资源管理信息系统；在智能技术方面，国家"863计划"在全国20个省市开展了"智能化农业信息技术应用示范工程"。这些技术的广泛应用为今后我国精准农业的发展奠定了一定的技术基础，但这些研究与应用大部分局限于GIS、GPS、RS、Es、DSS等单项技术领域与农业领域的结合，没有形成精准农业完整的技术体系。

精准农业的内容已被列入国家"863计划"当中，国家计委和北京市政府共同出资在北京搞精准农业示范区。截至目前，中国科学院、中国农业科学院、中国农业大学、北京市农林科学院、上海市农业科学院、上海市气象局等单位都对精准农业展开了研究，已在北京、河北、山东、上海、新疆等地建立了多个精准农业试验示范区。中国精准农业路还很长，其中，以高效集约为生产方式的精准农业已成为发达国家21世纪现代农业的重要生产形式。精准农业以信息技术、生物技术、工程技术等一系列高新技术为基础，定位、定时、定量地实施一整套现代化农事操作技术与管理的系

统。我国大多数精准农业项目仅仅在精准灌溉、精准施肥上有重大突破，在生物技术、遥感技术上与欧美国家相比还需要很长的路要走。

农业无人机和农机自动导航设备是当前精准农业的主要方向。农业无人机对于集成、操控技术要求较高，使用成本和难度均较大，落地速度较慢。农机自动导航系统主要依靠定位导航技术，操作简单，有望率先落地。自动导航系统可代替农户完成对农用器械的驾驶操作，主要用于播种、耕地、收获等作业。

2019 年我国无人机保有量已达到 5.5 万架，植保作业面积达 8.5 亿亩，通过精准作业减少农药使用量 20%，节省用水 90%，提高农药利用率 30%。农业无人机根据航线精准飞行作业，可保证作业过程更加高效、降低重复作业面积、资源浪费。

根据中国卫星导航在其第 12 届年会中披露的数据，2020 年我国辅助驾驶农机销量为 40824 台，同比 2019 年销量增长 140%。农机北斗终端迈入规模化应用爆发期，2020 年底辅助驾驶农机存量约 7.3 万台，过半数为 2020 年新增终端，农机北斗终端销量基数和增速均有明显提升，行业正式进入规模化应用的爆发期。

三、精准农业的原理与技术思想

（一）精准农业的原理

1. 系统学原理

系统学原理认为，对于一个由多个部分组成的复杂系统，各组分间的关系和结合方式对该系统整体的结构和功能具有重要影响。GPS、GIS、RS、智能分析决策系统、变量控制技术（Variation Rate Technology，VRT）等多种技术的有效组合，才能保证精准农业的实施，不同技术之间的合理衔接和协调，需要系统学原理来指导。

2. 工程学原理

精准农业涉及农业机械工程、农业工程、航空航天工程、计算机软件设计工程等多个方面，实施过程中，要结合工程学原理来开展，严格控制工程实施过程中的各个环节，不断优化工艺流程。

3. 生态学原理

精准农业最基本的出发点，就是基于生物的生长分布及其生存的资源环境存在较大的空间异质性这一生态学原理。从生态学原理我们可以知道，生态系统是由生物及其生存的环境组成的，能流动、物质循环、信息流动所推动的具有一定结构和功能的复合体。在农业生态系统中，农作物（或牲畜等）的生长、发育和繁殖等生物学过程紧紧依赖于它们所生存生长的资源和环境，与农业生态系统中能流、物流、信息流三大循环密切相关。如何高效、经济地利用有限资源进行集约化农业生产，根据作物（牲畜）和资源的时空变异进行实时的监控、资源投入以及采取相应的生物技术措施已成为现代农业的主体。这种"对症下药"的农业思想即是"处方农业"（Prescriptive farming）的思想来源。

4. 信息学原理

任何存在的事物都以不同的方式包含自身所具有的一定量的信息，精准农业实施的基础是对田间与农作物生长的有关资源与环境信息进行收集、传输、变换、分析、整理和判断，实现智能管理决策，并将信息和指令传输到智能农业设备上，完成相应农田农业操作。

5. 控制学原理

每一个过程都必须在精确的控制之下实施完成，控制学原理的运用就是要保证在 GPS、GIS、RS、传感与监测系统、计算机控制器及变量执行设备的支持下，完成下列各项：随时间及空间变化采集数据；根据数据绘制电子地图，并经加工、处理，形成管理设计执行图件；精确控制田间作业的过程和方式。

（二）精准农业的技术思想

精准农业技术思想的核心，是获取农田小区作物产量和影响作物生长的环境因素（如土壤结构、地形、植物营养、含水量、病虫草害等）实际存在的空间和时间差异性信息，分析影响小区产量差异的原因，采取技术上可行、经济上有效的调控措施，区别对待，按需实施定位调控的"处方农作"。

精准农业的核心理论是：基于田区差异的变量投入和最大收益。所有农业耕地均存在土壤差异和产量差异，通过 3S（GIS、RS、GPS）技术可以及时发现作物生长环境和收获产量实际分布的差异性，获取农田小区作物产量和影响作物生长的环境因素（如土壤结构、地形、植物营养、含水量、病虫草害等）实际存在的空间和时间差异性信息，分析影响小区产量差异的原因，并对这种差异性给予及时调控，采取技术上可行、经济上有效的调控措施。区别对待，按需实施定位调控，从而优化经营目标，按目标投入，实现田区内资源潜力的均衡利用。精准农业是一种"处方农作"，是对生产资源发挥最大效益的获取最大生产潜力的一种现代化农业发展模式。

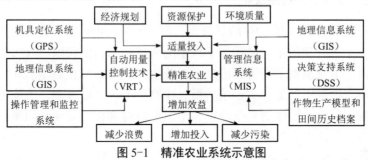

图 5-1 精准农业系统示意图

精准农业要实现三个方面的精确：第一，精确定位，即精确确定灌溉、施肥、杀虫的地点；第二，精确定量，即精确确定水、肥、杀虫剂的施用量；第三，精确定时，即精确确定农事操作的时间。

四、中国精准农业发展的应用对策

（一）建立现代农业信息服务平台

目前，我国农业生产经营脱节，农业物资生产、供应、加工销售不能形成有机整体，各环节盲目发展，最终导致农产品国际竞争力降低。因此，必须建立包含农作物品种、栽培技术、病虫害防治技术以及农业科研成果、新材料的农业综合信息网络系统，实现农业资源的系统化、社会化、产业化。

（二）加强基础资料数据库建设

目前，国内各地各系统数据库建设进程不一，应用的空间数据库类型和采用的数据格式各异，内容不同，信息资源类别不全，数据更新时效不同等，都影响到精准农业技术的实施应用。有关部门应统一全国数据库类型，做好基础地理、作物信息收集以及信息格式标准化工作，充分利用多年来建立的一些数据资料，实现数据资料的共享，建立以农业地理信息为平台的农业生产管理数据库。

（三）发展精准设施农业

所谓设施农业是应用某些特制的设施，来改变动植物生长发育的小气候，达到人为控制其生产效果的农业。如温室栽培、无土栽培等。在我国目前设施农业发展较快的地区推广、应用精准设施农业，可以达到增加农产品产出，提高农产品品质，节约水、肥资源，保护农业生态环境的目的。

（四）发展节肥精准农业

化肥对粮食增产有 50% 的贡献率，在我国粮食生产中一直占有重要地位。但由于不合理的施肥结构和不科学的施肥技术，使我国粮食边际产量逐年降低。不仅浪费了资源，增加了农业生产成本，而且对生态环境造成负面影响。根据不同地区、土壤类型、作物种类、产量水平，实施精确施肥，因时、因地、因作物科学施肥，不但可以提高化肥资源利用率，还可降低成本，提高作物产量。

（五）发展节水精准农业

水资源短缺是中国许多地区农业生产的主要制约因素，2007 我国农田灌溉水的有效利用率不足 35%，到 2021 年这一数字已经提升到 61%，我国在灌溉水利用率上有了较大的进步，仍有一定的进步空间。从经验来看，农业灌溉需要根据农田作物需水特点、适种条件和土壤墒情实施定位、定时、定量的精准灌溉，最大限度地提高田间水分利用率。在实施精准灌溉的过程中，必须正确处理以下几个关系。

（1）因地制宜选择农作物种类和品种，宜粮则粮、宜草则草，以提高水分利用效率为准。

（2）因地制宜选择灌溉方式及灌溉设施，促进水资源的良性循环和高效利用。

（3）正确处理开源与节流的关系，节流是精准灌溉的核心，合理调控利用当地水源是精准灌溉的灵魂。

（4）全盘贯彻工程节水、生物节水、农艺节水、化学节水与科学用水的关系。

（六）加强精准农业试验示范工作

我国农田类型多样、农业基础薄弱、农村还相对贫困，因此，发展精准农业，实现农业信息化在科学上、技术上和农业基础设施建设上需要比欧美等国家做出更大努力。根据我国实际，引进必要的技术和装备，在不同类型地区建立试验示范点，探索精准农业规律和技术，摸索经验。在多点试验示范基础上，形成精准农业模式，并在部分地区率先实现实用化和产业化。

第二节　精准农业的技术体系

精准农业的核心是实时获得地块中每个小区（1 平方米或 100 平方米）土壤、农作信息，诊断作物长势和产量在空间上差异原因，并按每个小区做出决策，准确地在每一个小区上进行灌溉、施肥、喷药，以及最大限度地提高水、肥等农业生产资料的利用效率，提高农产品产量的同时减少资源浪费与环境破坏。

一、精准农业的支撑技术

空间信息、变量作业机械是精准农业的重要支撑技术。空间信息技术是指 3S 技术。精准农业的关键技术，是要实现农业机械的精确定位与变量作业，根据作物的需要作业。这些机械需要 3S 技术的支持，同时需要带有 GPS 的谷物联合收获机及带有 GPS 和变量作业处方图的变量播种机、变量施肥机、变量喷药机、土壤采样车等。

（1）带有 GPS 与测量谷物产量的传感器的联合收割机能绘制小区产量分布图。这些产量分布图反映了地块小区的差异。产量的差异是土壤、水分、肥力等差异形成的。

（2）农药、除草剂的大量施用，不但造成成本的提高和资金的浪费，而且直接危害人畜健康、污染农产品，污染环境和水质。因此，需要能够根据田间杂草及病虫害分布实现精确定点喷药、减少成本和环境污染的自动控制施药机械与技术。

（3）变量施肥、播种机具能根据土壤肥力的不同，自动调节施肥量；根据土壤水分、土壤温度的不同，自动调节播种深度。

二、精准农业的技术体系

精准农业的实施必须运用成套的技术，包括：精确指标体系、生物技术、资源与变量投入技术（VRT）、资源环境技术、农业信息化技术、智能化农具、人工智能与自动控制技术、信息实时采集与传感技术、集成技术等。

精准农业以地理信息系统、全球定位系统、遥感技术（简称前"3S"技术）以及农业专家系统、决策支持系统、作物生长模拟系统（简称后"3S"

技术）和变量投入技术为核心，以宽带网络为纽带，运用海量农业信息对农业生产实行处方作业的一种全新农业发展模式。

前"3S"集成的作用是及时采集田间信息，经过信息处理形成田间状态图，该图应能反映田间状态（肥、水、病、虫、产量）的斑块状不均匀分布；后"3S"集成的作用是及时生成优化了的决策，它的支撑技术包括专家系统（知识模型），模拟系统（数学模型）和决策支持系统（从多方案中优选或综合，得出决策）。决策的表述形式可以是农田对策图/指令IC卡，后者便于智能控制型新式农机田间作业执行，达到按需变量投入（种、水、肥、药⋯⋯）。具体如图5-2所示。

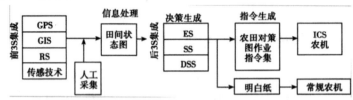

图5-2　大田精准农业农作技术体系

精准农业技术体系主要由信息获取技术、信息处理和分析技术、田间实施技术三部分组成。信息获取技术主要包括遥感技术、地理信息系统、全球定位系统和田间信息采集传感技术。信息处理和分析决策技术主要包括专家系统、决策支持系统和模拟系统。田间作业技术主要指变量投入农机。信息获取技术是前提和基础，信息分析和处理技术是关键，田间实施是核心。

表5-1　精细农业技术体系

		农田环境及作物长势检测（分布状态图生成）	针对性投入决策生成（对策图生成）	对策的实施（精确作业及 ICS 装备）
大田	气象	气象仪，RS	数学模型（模拟系统 SS）	灾害天气预报与减灾
	墒情	水分传感器，GIS，GPS		精确灌溉，变量供水系统
	肥料	土肥速测仪，GIS，GPS		精确施肥，变量施肥机
	农药	疫情测报，GIS，GPS	知识模型（专家系统 ES）	精确植保，变量喷药机
	估产	产量传感器，GIS，GPS		精确收获，精确播种机
设置	小气候	光照、温度、湿度、风速、CO_2 传感及采集记录	决策支持系统（DSS）	设施专用 ICS 设备农业机器人
	墒情	墒情传感系统		
	肥料	作物营养检测系统		
	农药	疫情检测系统		

（一）全球定位系统（Global positioning system，GPS）

精准农业的关键技术之一是实时动态地确定作业对象和作业机械的空

间位置，并将此信息转变为地理信息系统能够贮存、管理和分析的数据格式，这就需要采用全球定位系统（GPS）。GPS 是美国研制的新一代卫星导航和定位系统，它由 24 颗（目前为 30 颗）工作卫星和 3 颗备用卫星组成，分布在 6 个轨道面上，每 12 恒星时绕地球一周，可保证地球上任意点任意时刻均能接受 4 颗以上卫星信号，实现瞬时定位（GPS 只是全球定位系统的一种，世界上的全球定位系统除 GPS 外还有中国的北斗导航系统，俄罗斯的格洛纳斯定位系统，欧盟的伽利略定位系统）。

GPS 在精准农业上的作用有：精确定位水、肥、土等作物生长环境的空间分布；精确定位作物长势和病、虫、草害的空间分布；精确绘制作物产量分布图；自动导航田间作业机械，实现变量施肥、灌溉、喷药等作业。为实现上述功能，需要将 GPS 接收机和田间变量信息采集仪器、传感器以及农业机械有机地结合起来。安装有 GPS 接收机的农田机械及田间变量信息采集仪器，除能够不间断地获取土壤含水量、养分、耕作层深度和作物病、虫、草害以及苗情等属性信息外，同时还同步记录了与这些变量相伴而生的空间位置信息，生成 GIS 图层，从而为专家决策提供基础数据，提高决策的科学性和有效性。

（二）专家系统（Expert system，ES）

专家系统是一个能在特定领域内，以人类专家水平去解决该领域中困难问题的计算机程序。专家系统能通过模拟人类专家的推理思维过程，将专家的知识和经验以知识库的形式存入计算机，系统可以根据这些知识，对输入的原始数据进行复杂的推理，并做出判断和决策，从而起到专门领域专家的作用。专家系统具有启发性、透明性、高性能性和灵活性等特点。遥感、全球定位系统和田间信息快速采集系统是精准农业实施的数据源，GIS 为这些信息源的贮存管理提供了软件平台。精准农业实施的关键在于利用这些海量数据，通过作物模拟模型和专家知识及经验等，针对田间不同作业区作物的生长环境，分析和决策出处方耕作、播种、灌水、施肥、杀虫、除草、收获等的作业方案，而完成以上任务主要靠专家系统，如图 5-3 所示。

专家系统对精准农业的实施具体包括：

（1）营养、水分、病虫害等的诊断。根据采集到的作物单个植株（包括根、茎、叶、花、果）特征和群体特征，进行作物形态诊断、营养诊断、病害诊断、虫害诊断、水分亏缺诊断等，并找出其主要成因或"胁迫因子"，最终给出解决问题的技术方案。

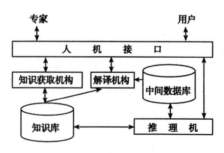

图 5-3 专家系统的基本结构

（2）推荐施肥、灌水、耕作等各种农艺措施的实施方案。根据作物对氮、磷、钾和各种微量元素的需求规律以及土壤养分含量状况，推荐作物精准施肥方案。根据作物的需水规律和降水量、蒸发量及土壤特性，推荐精准灌溉方案。根据光、热、水、土等作物生长环境的变化，预测预报作物病虫害发生的时间和空间分布，推荐预防办法和措施。

（3）确定作物种植结构和总体布局。将市场供求、交通运输、消费习惯等各种社会经济因素综合纳入到作物种植专家系统中，对作物生产的宏观布局和种植结构提供决策支持。

（三）农田地理信息系统（Geographic information systems，GIS）

地理信息系统（GIS）是一个应用软件，是精准农业的大脑，是用于输入、存储、检索、分析、处理和表达地理空间数据的计算机软件平台。它以带有地理坐标特征的地理空间数据库为基础，将同一坐标位置的数值相互联系在一起。地理信息系统事先存入了专家系统等带决策性系统及带持久性的数据，并接收来自各类传感器（变量耕地实时传感器、变量施肥实时传感器、变量栽种实时传感器、变量中耕实时传感器等）及监测系统（遥感、飞机照相等）的信息，GIS 对这些数据进行组织、统计分析后，在一共同的坐标系统下显示这些数据，从而绘制信息电子地图，做出决策，绘制作业执行电子地图，再通过计算机控制器控制变量执行设备，实现投入量或作业量的调整，如图 5-4 所示。

在精准农业实践中，GIS 的具体应用有：

（1）对 GPS 和传感器采集的各种离散性空间数据进行空间差值运算，形成田间状态图，如土壤养分分布图、土壤水分分布图、作物产量分布图等。

（2）对点、线、面不同类型的空间数据进行复合叠置，为决策者提供数字化和可视化分析依据。如不同作物由于其不同的生物特性对土壤类型、土壤养分、耕作层深度、水分条件、光热条件、有效积温等均有不同的要求，在进行作物种植规划和布局时，只须将上述各专题图层利用 GIS 的叠加功能，就可以快速、准确地确定出各种作物的最佳生物布局，如果再将市场、运输等社会经济条件专题图与上述作物种植最佳生物布局图叠加，就可进一步规划出作物的最佳经济布局。

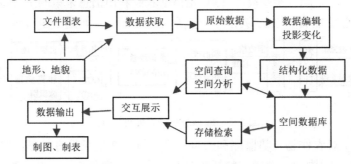

图 5-4　GIS 基本功能的实现过程

（3）利用 GIS 的缓冲区分析功能，能直观地显示分析灌排系统的控制范围、水肥的有效渗透区域、病虫害的扩散范围以及周围环境对作物生长的影响范围等。

（4）利用 GIS 的路径分析功能，能够快捷地确定出农道、水系、机井等各种农业基础设施的最佳空间布局和机械喷施农药、化肥以及收获作物的最佳作业路线。

（5）与专家系统和决策支持系统相结合，生成作物不同生育阶段生长状况"诊断图"和播种、施肥、除草、中耕、灌溉、收获等管理措施的"实施计划"。

（6）利用 GIS 的数字高程模型（DEM），计算作业区的面积、周长、坡度、坡向、通视性等空间属性数值。

GIS 主要用于建立农田土地管理、土壤数据、自然条件、生产条件、作物苗情、病虫草害发生发展趋势、作物产量等的空间信息数据库和进行空间信息的地理统计处理、图形转换与表达等，为分析差异性和实施调控提供处方决策方案。

农田地理信息系统包括 GIS 数据库和农田空间分析系统（作物产量空间分析软件、土壤养分空间分析软件、土壤水分空间分析软件、土壤微量元素空间分析软件、作物营养需求空间分析软件、环境空间分析及综合分析软件）。

（四）遥感技术（Remote sensing，RS）

RS 是指在一定的距离之外，不与目标物体直接接触，通过传感器收集被测目标所发射出来的电磁波能量而加以记录并形成影像，以供有关专业进行信息识别、分类和分析一门技术学科。卫星遥感具有覆盖面大、周期性强、波谱范围广、空间分辨率高等优点，是精准农业农田信息采集的主要数据源。

RS 在精准农业中的应用主要包括以下几方面，如图 5-5 所示。

图 5-5　遥感系统信息处理流程

（1）对农作物长势监测和产量估算。植物在生长发育的不同阶段，其内部成分、结构和外部形态特征等都会存在一系列的变化。叶面积指数（LAI）是综合反映作物长势的个体特征与群体特征的综合指数。遥感具有周期性获取目标电磁波谱的特点，通过建立遥感植被指数（VI）和叶面积指数（LAI）的数学模型，可监测作物长势和估测作物产量。

（2）养分监测。植物养分供给的盈亏对叶片叶绿素含量有明显的影响，通过遥感植被指数与不同营养素（N、P、K、Ca、Mg 等）数学模型，可估测作物营养素供给状态。

（3）水分亏缺监测。在植被条件和非植被条件下，热红外波段都对水分反应非常敏感，所以利用热红外波段遥感监测土壤和植被水分十分有效。研究表明，不同热惯量条件，遥感光谱间的差异性表现得最明显，所以通过建立热惯量与土壤水分间的数学模型，即可监测土壤水分含量和分布。干旱时由于作物供水不足，生长受到影响，植被指数降低，蒸腾蒸发增强，迫使叶片关闭部分气孔，导致植物冠层温度升高，通过遥感建立植被指数和作物冠层间数学模型，则可监测作物水分的亏缺。

（4）农作物病虫害监测。应用遥感手段能够探测病虫害对作物生长的影响，跟踪其发生演变状况，分析估算灾情损失，同时还能监测虫源的分布和活动习性。

（五）作物管理决策支持系统（Decision Support System，DSS）

作物生产管理计算机辅助决策支持系统（DSS），是应用计算机信息处理技术，综合现代农业相关科学技术成果，制定作物生产管理措施，实现处方农作的基础，也是实现"精准农业"技术思想的核心。一个完整的作物生产管理决策支持系统，包括作物系统模拟模型组成的模型库、支持模型运算和数据处理的方法库、储存支持作物生产管理决策和模型运算必需的数据库、反映不同地区自然生态条件等作物栽培管理经验知识和具有知识推理机制的专家知识库，以及作物生产管理者参与制定决策和提供知识咨询的人机接口等，如图 5-6 所示。

图 5-6　决策支持系统的基本结构框架

基于作物模拟模型和农业专家系统的作物生产管理决策支持系统能根据作物生长、作物栽培、经济分析、空间分析、时间序列分析、统计分析、趋势分析以及预测分析等模型，综合土壤、气候、资源、农资及作物生长有关数据进行决策，结合农业专家知识，针对不同农田管理目标制订的田间管理方案，用于指导田间作业。

（六）变量控制技术（Variation rate technology，VRT）

VRT 是指安装有计算机、差分全球定位系统 DGPS 等先进设备的农机具，根据它所处的耕地位置自动调节物料箱里某种农业物料投入速率的一种技术。VRT 系统可以应用于像小颗粒状或液体肥料、杀虫剂、种子、灌溉水或多至 10 余种化学物质混合而成的药剂等多种不同的物质。变量投入系统通常主要包含流动作业机具、调节实际物流速率的控制器、定位系统和对应耕地的理想物料应用描述图。在传统的机具上，通常通过观察仪表板来控制物料的投入速率。而在集成有 GPS 和 GIS 的机具上，投入速率可以随机具的移动而自动地进行改变。

变量投入的关键是智能农业机械的研究制造和应用，变量施肥机、变量灌溉机、变量农药喷施机、变量播种机以及变量联合收割机目前在发达国家精准农业生产中已被广泛使用。智能变量农机研究和生产在我国才刚刚起步，与发达国家还有相当大的差距。这种差距主要表现在 GPS 与农业机械的集成、GIS 与农业机械接口软件的开发、农田信息实时采集的传输及作业传感器的制造等方面。

（七）模型模拟系统（Simulation model system，SS）

模型模拟系统是以农业生产对象生长动力学为理论基础，以系统工程为基本方法，以计算机为主要手段，借助数学模型，对农业生产系统中生产对象的生长发育及产量形成与外界环境的变化进行动态仿真，并用于对各种农业生产过程进行指导和研究的计算机软件。通过作物生产潜力的模拟，可以筛选出适宜本地的品种、播期、施肥、灌水、种植密度等措施的优化组合方案，为实施提供前期准备工作；通过作物生育期预测模型，能够准确预测作物生长的阶段性过程，便于实施过程中采取相应的管理措施；通过农田水分管理模拟模型，可决定实施过程中不同生产单元在不同生育期的灌溉时间和灌溉量；通过农田养分管理模拟模型，结合土壤肥力分布图，实施精准施肥；通过病虫草管理模拟模型，确定生态经济杀除阈值与阈期，如图 5-7 所示。

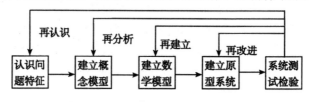

图 5-7　农业模型构建的五个阶段

（八）田间变量信息采集与处理技术（Farming data acquired technology）

田间信息采集技术利用传感器及监测系统来收集当时当地所需的各种数据（如土壤水分、土壤含 N 量、pH 值、压实、地表排水状况、地下排水状况、植冠温度、杂草、虫情、植物病情、拖拉机速度、降水量、降水强度等），再根据各因素在作物生长中的作用，由 GIS 系统迅速做出决策。

（九）收获机械产量计量与产量分布图生成技术（Yield mapping systems）

农作物收获过程中的产量自动计量传感器是精准农业田间产量信息采集的关键技术。产量分布图记录作物收获时产量的相对空间分布，收集基于地理位置的作物产量数据及湿度含量等特性值。它的结果可以明确地显示在自然生长过程或农业实践过程中产量变化的区域。

产量分布图揭示了农田内小区产量的差异性，下一步的工作就是要进行产量差异的诊断，找出造成差异的主要原因，提出技术上可行、按需投入的作业处方图，把指令传递给智能变量农业机械实施农田作业。

（十）智能化变量农作机械（Intelligent farm machinery）

主要包括施肥、喷药、播种和灌溉等农业机械。如安装有 DGPS 及处方图读入装置的谷物播种机（调节播量、播深）、变量施肥机（自动调控两种肥料比例和肥量）、变量喷药机和变量喷灌机（自动调节喷臂行走速度、喷口大小和喷水水压）。

第三节 精准农业的技术实施

精准农业不仅本身具有完整的技术体系，其实施还需要多项先进技术的支持，在确保精准农业技术体系达到条件后，还要保证精准农业技术支持体系的完整，才能保证精准农业的顺利实施。

一、精准农业技术的实施

从精准农业模式的实施步骤中可以看出，精准农业技术实施主要包括三个方面的内容：信息采集、信息处理和田间变量实施，它们间的相互关系如图 5-8 所示。

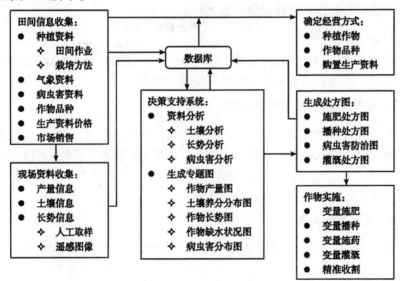

图 5-8　精准农业模式实施流程图

精准农业实践的 5 条规则：按正确的时间、以正确的数量、在正确的地点、用正确的方式，正确利用投入（营养、水、劳动、技术、成本等），实施基于空间与实践差异性的农业生产系统的科学管理。

（一）数据采集

精准农业通过产量测定、作物监测以及土壤采样等方法来获取数据，以便了解整个田块的作物生长环境的空间变异特性。

1. 产量数据采集

带定位系统和产量测量设备的谷物联合收割机，在收获的同时，每隔一定时间记录当地的产量，记录数据以文本形式（经度、纬度、产量和谷物含水量）存储在磁卡中，然后读入计算机进行处理。

2. 土壤数据采集

详细的土壤信息是开展精准农业工作的重要基础。通过机载式自动取土钻，配合 GPS 获取土壤信息（土壤含水量、土壤肥力、土壤有机质、土壤 ph 值、土壤压实、耕作层深度等）。

3. 作物营养监测

通过基于地物光谱特性的多光谱及高光谱遥感技术可以快速、自动化、非破坏性地获取作物营养成分信息。

4. 土壤水分监测

通过水分传感器（如时域反射仪 TDR、中子仪等）实时监测农田土壤水分含量，作为农田水分管理与灌溉决策的依据。

5. 苗情、病虫草害数据采集

利用机载 GPS 或人工携带 GPS，在田间行走中随时可定位，记录位置，并记录作物长势或病虫草害的分布情况。近年来，随着近红外（NIR）视觉技术、图像模式识别、多光谱识别技术的发展，有关苗情、杂草识别快速监测仪器不久将研制出来，并投入使用。

6. 其他数据采集

如地形边缘测量，一般利用带 GPS 的机动车或人工携带 GPS 在田间边界行走一圈，就能将边界上的点记录下来，经过平滑形成边界图。另外，还要获取近年来轮作情况、平均产量、耕作情况、施肥情况、作物品种、化肥、农药、气候条件等有关数据。这些数据将用于进行决策分析。

（二）差异分析

通过计算机技术，将采集到的带有 GPS 信息的数据，用一些数学方法进行数据信息处理，得到变量控制信号，来指挥操作机械，实施精准农业。

1. 产量数据分布图

对连续采样获得的产量数据，使用平滑技术（通常使用移动平均法）来平滑数据曲面，以消除采样测试误差，清晰地显示区域性分布规律和变化趋势，再通过聚类分析生成具有不同产量区间的产量分布图。

2. 土壤数据分布图

对一个田块进行多点采样、分析，用 GIS 存储取样点的土壤信息，计算得出田间肥力分布图，用以反映这一田块肥力的不均匀性，并以此图作为推荐施肥的基础，来解决同一地块内不同区域中进行不同用量、不同配方的肥料施用问题。

3. 苗情、病虫害分布图

苗情与病虫害分布数据的处理一般采用趋势面分析，即用某种形式的函数所代表的曲面来逼近该信息的空间分布。数据采集未来的发展趋势是数据采集和数据分析统一起来，将田间观测者的地理位置和田间观测数据通过便携式计算机和天线发往办公室计算机，利用软件自动生成田间数据分布图。

（三）处方生成

GIS 用于描述农田空间上的差异性，而作物生长模拟技术用来描述某一位置上特定生长环境下的生长状态。只有将 GIS 与模拟技术紧密地结合在一起，才能制订出切实可行的决策方案。二者结合可按以下形式操作：一是 GIS 和模拟模型单独运行，通过数据文件进行通信；二是建立一个通用接口，实现文件、数据的共享和传输；三是将模拟模型作为 GIS 的一个分析功能。

GIS 作为存储、分析、处理、表达地理空间信息的计算机软件平台，其空间决策分析一般包括网络分析、叠加分析、缓冲区分析等。作物生长模拟技术是利用计算机程序模拟在自然环境条件下作物的生长过程。作物生长环境除了不可控的气候因素外，还有土壤肥力、墒情等可控因素。GIS 提供田间任一小区、不同生长时期的时空数据，利用作物生长模拟模型，在决策者的参与下，提供科学的管理方法，形成田间管理处方图，指导田间作业。

（四）控制实施

精准农业技术的目的是科学管理田间小区，降低投入，提高生产效率。精准农业实现的关键是农业机械的变量控制，在 3S 技术支持下得到的信息经过一系列处理后，将会形成变量控制信息，最终控制农业机械，实施变量管理。

先进的农业生产技术的大面积、大规模实施，只有通过先进的农业机械才能实现。将信息技术、网络概念、人工智能等技术引进到农业机械的开发和设计中来，形成智能控制农业机械，目前作为支持精准农业技术的农业机械设备，除了带有定位系统和产量测量的联合收割机外，按处方图进行作业的农业机械还有：带有定位系统和处方图读入设备，控制播深和播量的谷物精密播种机；控制施肥量的施肥机；控制剂量的喷药机；控制喷水量的喷灌机；控制耕深的翻耕机等。

智能化农业机械主要由信息采集系统、决策判断系统和控制执行系统三部分组成。利用各类传感器采集环境信息或作物信息，决策系统要先输入关于农艺、土壤、作物、管理等方面的数据作为进行系统决策的依据，将采集到的实时信息输入系统，经过处理后做出决策，传输到智能化农业机械进行控制实施。例如，当驾驶拖拉机在田间喷施农药时，驾驶室中安装的监视器显示喷药处方图和拖拉机所在的位置。驾驶员监视行走轨迹的同时，数据处理器根据处方图上的喷药量，随时向喷药机下达命令，控制喷洒。

二、精准农业模式的实施

精准农业是先进的农业生产模式，其整个操作过程包括如下几项内容。

第一，在第一年收获时，利用带 GPS 和产量传感器的联合收割机，获得农田小区内不同地块的作物产量分布，将这些数据输入到计算机，可获得小区产量分布图。分析产量分布图，可获得小区作物产量分布的差异程度。

第二，根据产量分布图，对影响作物生产的各项因素进行测定和分析，如前所述的土质、土壤耕作层深度、土壤含水量、肥料施用、栽培情况、虫害、病害、杂草等，将所有这些数据输入计算机，利用 GPS 系统，对照产量分布图，结合决策支持系统，确定产量分布不均匀的原因，并利用相应的措施，生成田间投入处方图。

第三，根据田间投入处方图，生成相应农业机械的智能控制软件，根据按需投入的原则实施分布式投入，包括控制耕整机械、播种机械、施肥机械、植保机械等实施变量投入。

第四，在第二年收获时，再按上述过程，并根据产量分布图，分析农田小区总产量是否提高，小区内作物产量差异是否减小，然后制定新的田间投入处方图。如此经过几次循环，即可达到精准种植的目的。

第六章 构建新型农产品营销体系

由于农产品具有生产地域性和消费普遍性的特点，因此对营销渠道具有很高的要求。这就需要我们创新农产品的营销方式，拓宽农产品销售渠道，在确保人们享受新鲜农产品的同时，提高农民的收入，兼顾经济效益与社会效益。

第一节 农产品直接营销

直接营销可以说是所有营销方式中运用得最早的，随着社会的不断发展，市场环境和人们生活方式的不断变化，这种销售方式也在不断地发展。

一、农产品直接营销概述

（一）农产品直接营销的定义及特点

农产品直接营销是指，生产厂商不经过中间环节，将产品或服务直接出售给消费者或用户的营销方式。在所有的农产品中，采用直接营销方式的有很多，其中最为突出的是鲜活农产品的销售。例如，从事蔬菜种植的农户将新鲜蔬菜直接卖给消费者，从事畜牧养殖的农户会在农贸市场上直接出售自己养殖的肉、蛋、奶等产品；从事农产品加工的企业，会直接向生产者订购产品，或是一些消费者会直接到农产品的产地直接去购买自己所需要的产品，还有一些人会直接到田地里进行采摘；一些农户会将生产出来的农产品直接送到饭店、旅馆等地方，或利用计算机网络等方式与客户达成交易协议等，这些都是直接营销的形式。

农产品直接营销的特点主要表现在以下几方面。

（1）农产品只通过一次转移就完成其流通的过程，商品的使用权是从生产者直接转移到消费者或最终用户的手中的。

（2）是一种零层销售渠道，不存在中间环节，起点是农产品产出者，终点是消费者，这样就降低了销售环节的成本。

（3）将商品直接销售给用户的人员属于农产品产出方，这些人员受雇于或隶属于产品方。

（4）减少了销售费用的支出，农产品的价格会因此降低，消费者能够享受物美价廉的农产品。

（二）农产品直接营销的优缺点

1. 农产品直接营销的优点

（1）供给者会同产品的消费者直接进行接触，有利于改进产品服务，更好地了解消费者的需求。

（2）省去了多次倒手、层层加价、多次搬运等环节，能够有效降低产品成本，以此在同类产品市场中有一定的价格优势。

（3）加快货款的回收，从而加快企业的资金周转。将农产品直接销售给加工企业或用户，能够快速回收资金，用于企业的再生产，避免三角债现象的发生或资金长期留存在流通环节，从而提高资金的周转效率。

（4）可以吸收就业。直销的销售方式，可以吸收大量的人员从事此项工作。想要大规模地发展农产品的直销，就必须有一个庞大的直销团队。这些从事直销的员工不受任何年龄、文凭、性别、投资能力等方面的限制，比如农闲时节剩余劳动力，经过一定的培训课程就可以直接胜任这份工作。这样通过直销的方式就能够使一部分劳动力从生产领域进入流通领域，有助于促进社会就业的发展。

（5）满足消费者的特殊需求。观光旅游农业发展的目的就是充分利用农业资源的特点提供服务，来满足消费者回归自然、休闲度假、旅游观光的特殊需求。其中很多农产品都具有新、优、特的特点，因此在对这些产品进行直销时企业可以对这些产品进行全面而重点的介绍，让消费者能够充分了解其特点，得到消费者的认可，打造产品的品牌形象。

2. 农产品直接营销的缺点

（1）在直销中产生的市场风险全部都要由生产者独自承担。在激烈的市场竞争中，价格会在较短时间内产生大幅度的波动，这样就会产生价格风险。价格风险是市场经济所固有的，由于农产品生产周期长，市场难以把控，因此价格风险不可避免。

（2）生产者承担产品的所有流通职能，增加流通费用的支出。生产者不仅要承担生产费，而且还要承担谈判费、咨询费、摊位费以及销售人员的薪资等费用。

（3）由于农产品的消费者相对分散，因此很难让更多的消费者接触到商品，这不利于提高企业的市场占有率，如果使用的销售方式不当时，会导致农产品的滞销。

从上述中我们可以看出，直接营销的销售方式如果运用得恰当，那么就可以充分发挥其优势，提高企业的经济效益。但是要知道，所有的事情都有其不好的一面，因此在企业的实际营销活动中，采用多种营销方式并用的措施，才能保证企业获得更好的效益。

二、农产品订单直销

（一）农产品订单直销的定义

订单直销是指，由农产品加工企业或最终用户与生产者在安排生产之前，直接签订购销合同的直销形式。在市场经济条件下，竞争压力大，市场环境瞬息万变，导致很多农产品如粮食、蔬菜、畜产品等销售状况不容乐观，影响了企业的生产效益和农民收入。如果农产品的生产者能够提前进行市场调查，然后根据市场实际需求的订单来安排生产，将农产品的销售逐步推上"订单"农业的道路，这种方式不仅有利于农业结构的调整，加快农业产业化进程，并且还解决了农产品的销售问题，为构建产销对接农业经营模式奠定了良好的基础。

在当前的市场环境中，很多农产品都已经采用了订单直销的方式，如蔬菜订单销售、水果订单直销等，减少了流通环节和流通费用，使果蔬流通更加活跃，促使果农大力发展优势水果品种，不断提高水果的质量，树立自己的品牌，销售渠道不断拓展。

（二）农产品订单直销的优缺点

1. 农产品订单直销的优点

实行订单农业，要先确定订单，然后再进行生产，这样就能够使农产品的生产和流通产生滚动效应，从而充分发挥市场的引导生产，让销售带动基地生产，产生一定的积极作用，有力地推动了农业产业化发展经营。从当前我国市场中订单直销的发展来看，具有形式多样化的特点，不仅订单直销运用的范围广，用于种植业、林果业、畜牧业等多项产业，并且下单企业所涵盖的类型也相对广泛，如食品加工企业、农产品进出口公司等。

签订的订单合同时间并不是固定的，有长有短，种植业合同大多是一年，奶产品收购合同多数是三五年甚至更长，而林果业的合同有一年期的，也有五年期的。订单农业的发展受到农业生产者的热烈欢迎。

2. 农产品订单直销的缺点

（1）合同不规范，规定不具体。所签订的农产品订单，由于在收购标准、收购时间、技术保证单位、违约后的处罚等方面规定得不清楚、不具体，因此这就给违约的下单企业或农户留下可乘之机。对于下单企业来说，由于农产品的生产周期较长，市场形势变化快，因此市场预测难。丰收的年份，企业为了降低成本，会做出缓期延收、拖收、压价或直接撕毁订单等坑农害农的做法。农民在法律、合同方面的观念比较淡薄，未意识到自己作为合同签约方有保质保量照单供货的义务，进而影响了合同的正常履行。

（2）缺乏科学的调查和论证，盲目签订订单。很多地方的乡镇政府会帮助当地的农民签订订单，本来是牵线搭桥，为农民提供更好的服务，但是由于没有对市场进行认真的调查研究，因此导致合同制定得不规范，使生产出来的农产品无法进行销售。

（3）政府代表农民签约。一些地方，政府部门在帮助农民做了市场调查之后，就代农民直接进行了签约，或是有些农民委托政府与下单单位签订订单，这两种情况导致合同执行产生了很多问题。政府作为签约的一方，会在协调产销双方利益关系、承担违约责任方面处于被动地位，并且按照《中华人民共和国民法典》中有关合同担保的相关规定，机关法人担保合同实际上是无效的。

（4）农产品质量不合要求，技术水平低。在通常情况下，订单直销对农产品的质量都有很高的要求，因此只有走科技兴农的道路，在品种选择、管理措施、栽培技术、产品包装等方面进行全方位的技术提升，才能实现订单农业的顺利发展。但是在当前情况下，很多农户都只是注重产品的数量，忽视产品质量，甚至于有时质量无法达到订单企业的要求；还有部分生产者由于农产品包装、贮运技术设备落后对农产品品相造成影响；农业生产属于季节性生产活动，农产品的生产周期会对订单的执行造成一定的影响。

三、农产品零售直销

（一）零售直销的定义

农产品零售直销是指，生产者在田间、地头、农贸市场直接将一些鲜活的农产品如蔬菜、水果、水产品等出售给消费者，或是直接将农产品送到客户（旅馆、饭店）手中的销售方式都属于零售直销。在零售直销方式中，生产者和消费者都处于一种主动地位，这不仅能够保证生产者的收入和消费者的合理支出，并且还能保证农产品的鲜活性，降低产品的损耗。零售直销的方式对生产者的要求较高，要具备一定的销售能力和承担市场风险的能力，只有这样才能保证自身的利益，减少市场对自身的冲击。

（二）农产品零售直销应注意的问题

1. 农贸市场的建设是发展农产品零售直销的基础

农贸市场指的是能够满足消费者生活必需的农产品交易的市场，各种各样的粮食、蔬菜、水果、肉食、禽蛋、水产品等都在农贸市场中进行交易。其中的农产品有的是采用直销，也有的是中间商经销的产品，但无论哪种形式，都需要有一个良好的环境来保证农产品交易的顺利实现。因此，无论是农贸市场的位置、布局，或是公共设施的建设都要认真地对待，因为这些因素都会对商品的交易产生一定的影响。

传统的农贸市场，大多数的设施都比较简陋，缺少必要的综合配套设施，没有形成规范性的、交易顺畅的买卖场所，部分市场没有交易大棚，交易的方式和手段也相对落后，这都会对农产品的交易产生直接的影响。随着农贸市场或者智慧菜场升级改造工程在全国的大刀阔斧推进，传统农贸市场换新姿、亮新颜。新型农贸市场在市场环境、布局规划、设施安全、购物体验等方面都有很大的改善，环境更加整洁。在这种情况下，想要促进农产品销售的不断发展，就一定要加强农贸市场配套的服务工作，确保规范交易等。

2. 要注重农产品的质量，维护企业的信誉

所谓的产品质量，实际上就是产品的使用价值，只有保证农产品的质量并且不断提高，才能够保证产品有足够的竞争力，从而顺利实现产品的销售，充分满足消费者的需求。农产品的质量在不同的时代、不同的地域以及不同的国情、民情、民俗都会有不同的开发标准。

随着社会经济的不断发展，人民生活水平的不断提高，消费水平和消费习惯都会发生很大的变化，尤其是随着买方市场的形成，消费者对产品的质量要求就更高了。

3. 借助于中介组织，发展农产品零售直销

为了帮助解决农产品销售困难的问题，各地出现了很多中介组织来帮

助农民解决一些销售难题，因此受到广大农民的热烈欢迎。这些中介组织能够帮助农民开拓市场，疏通销售渠道，引导农民顺利进入当地销售市场。中介组织还会经常派遣营销人员，到全国各地了解农产品的价格信息，为农民提供参考，帮助其选择最佳的销售市场。

4. 信息反馈及时，是农产品零售直销的关键

市场信息瞬息万变，因此只有及时了解市场的行情和信息，并反馈给生产者，才能为制定科学销售提供参考和借鉴。中介组织或营销大户都会有自己专门的市场调研人员，他们熟悉市场信息的变化，对价格变动比较敏感。中介组织的信息能够帮助生产者进行决策，减少决策失误。一些农民还会通过网络进行市场信息的查询，及时了解各地农产品的需求信息，并通过网络进行农产品的销售。

四、农产品观光采摘直销

（一）观光采摘直销的定义

观光采摘直销指的是，通过游客观光、采摘、垂钓等方式，直接推销自己的农产品和服务的一种直销形式。观光采摘农产品价格比传统的农产品价格要高出很多，观光采摘加传统的销售方式，使得单价和销售量都得到了明显的提高。除农产品的采摘收入外，采摘园内提供的各种服务所获得的收入也是相当可观的。农产品观光采摘的方式不仅为农村经济带来了新的活力，并且促进了农村产业结构的调整，提高了农民的收入，大力推进了生态环境产业的建设和发展。

（二）农产品观光采摘直销的优缺点

1. 农产品观光采摘直销的优点

观光农业是一种以农业和农村为载体的新型生态旅游业，其具有投资小、见效快的优点，对于提高农民的收入具有重要的作用。随着我国农业产业化的不断发展，农业不再仅仅具有生产的功能。其改善生态环境质量，为人们提供观光、休闲、度假的生活性功能也随之被人们开发出来。随着经济的发展，人们收入、闲暇时间的增多，生活节奏的加快以及竞争的日益激烈，人们对于旅游产生了更加迫切的渴望，尤其是希望能够在传统、休闲的农村环境中能够放松自己，将自己回归自然，享受大自然的神秘。伴随着人们需求的不断增强，自然的观光，吃农家饭、住农家屋、做农家

活也就随之出现，并且成为新的消费热点。

观光农业主要就是以"绿色、休闲、参与、体验"为特色，为游客提供可以观赏、烧烤、垂钓、采摘、狩猎、制作标本等各项服务，使农产品与服务在各种休闲活动、参与项目的过程中就被直接消费，这种直销方式是同观光农业这种新兴的产业紧密相联系的，也可以说它是观光农业的产物，有了观光农业，才能够为游客提供各种服务，游客才会消费这种服务和农产品。反过来，这种直销方式的不断发展和完善，也推动观光农业的继续向前发展。

2. 农产品观光采摘直销的缺点

（1）季节性制约观光农业的发展。农业具有明显的季节性，因此观光农业的发展同样需要面对这个问题。在通常情况下，由于夏、秋两季农业生产比较丰富，因此吸引的游客较多。而到了淡季时，很多农作物都过了生长季节，因此门庭冷落，造成了资产的大量闲置和浪费。除此之外，游客前来的时间也不均衡，大多都集中在周末，因此这就给观光农业的发展带来很大的困难。

（2）单纯模仿，缺乏活力。当前我国观光农业的项目发展只是处于初级阶段，在观光果园、垂钓园方面开发得相对较多，在活动的设计上都是大同小异，在经营上只是让游客在温室、果园、鱼塘内自行采摘、垂钓，有的只是为游客提供餐饮和住宿，活动形式比较简单，缺乏园区独有的特色，各项目之间相互模仿、缺乏创新。很多园区都没有经过科学的规划和市场调查，也没有进行一定的可行性论证，只是看到了他人所获取的利益，因此建设了另一家采摘园。园内设施简陋，服务质量不高，因此吸引游客的数量有限。

（3）缺乏合理的规划与布局。很多观光园内的游览项目众多，布局随意、散乱，这就造成了一个直接后果就是项目之间的客源市场变小，各项目之间的竞争加强。

第二节　农产品间接营销

农产品间接销售是指，将农产品的生产者与消费者连接起来的中间商，包括取得产品所有权或帮助转移产品所有权的企业或个人。具体有：分销渠道的分销商和代理商；根据是否具有经营权来进行区分的独立的中间经营供应商或代销商；根据属于消费市场还是产业市场来进行区分，前者还可以分为批发商和零售商，而后者也可以分为批发代理商和销售代理商。

一、农产品间接营销的特点

（一）灵活性

间接销售的方式可以将产品与市场紧密地结合在一起，由于是专门从事营销的人员，因此对市场和产品的变化都有比较全面的了解，可以随时对进、出货的渠道和时间根据市场实际需求的变化来进行调整，及时对销售方式和策略等进行调整，以获得更高的收益。

（二）高效性

如果产品的生产者想要直接对顾客进行销售，那么其就需要在每一个时间或空间去寻找适当的消费者；但是如果生产者是将产品出售给制造商，那么就可以达到批量加工的效果。例如，从事花生种植的农户，花生在经过加工以后可以得到花生食用油，这样农民就可以实现批量销售，获得更多的利润。但是，如果花生只是小批量生产，只能直接供给那些花生的消费者，那么农户再去寻找消费者，并且同他们每个人联系的过程就会显得相当困难，因此农户就可以将这个过程交给其他的专门人员来完成。从事中间专门的营销者，在与寻找消费者的过程中有其特殊的方式，因此能够节省大量的时间和精力，使效率提高。

（三）主动性

和那些农产品的生产者来比较，间接销售农产品拥有更多的主动权，可以利用与市场直接联系的优势，直接要求生产者生产农产品的品种、数量、质量、规格和档次等，这样就可以掌握市场的主动性，将自己置于市场的有利地位。

（四）专业化

中间商需要从事大批量产品的经营活动，因此必须具备相应的专业素质，对其所经营的农产品有深入的了解，这样才能降低中间商面临亏损的危险。例如，对于海产品的经营来说，必须掌握大批海产品在储藏、运输和操作等方面的要领；而对于蔬菜水果的批量经营来说，则要掌握其在收获、包装、储藏、运输等方面的专业技术。由于农产品具有明显的季节性和周期性，因此单一的农产品就没有必要进行专门化的市场经营，中间商也会面临专门的经营人员、设备、流程、对象等资源所造成的困扰。

（五）规模效益

中间商从自身的实力出发，选择合适的合本书，从而形成大规模的集团经营，这样就能够进生产出大批量多品种的农产品，获得更大的规模效益。与此相对应的是，实行多样化的生产者再实行规模化是相当困难的，其必须具备各种条件。

二、农产品间接营销的形式

（一）农产品代理商

代理的定义可以分为狭义和广义两种。狭义的代理指的是直接代理，包括委托代理、法定代理和指定代理。广义的代理指的是，代理人以自己或被代理人的名义，代理被代理人与第三人实施民事法律行为，其后果直接由被代理人承担。农产品代理商指的是，接受农产品生产者或农产品经销部门的委托，从事农产品交易活动的组织或个人。农产品代理商的责任是争取顾客或代表买卖方完成交易，而没有商品所有权的中间商。

1. 独家代理与多家代理

独家代理指的是，在指定地区和一定的期限内，享有代购代销指定商品专营权。独家代理人单独代表委托人进行相关的商业活动，委托人在该地区内不得再委派其他的代理人。

多家代理指的是，某家代理商不具有某一地区产品的独家代理权，各代理商之间没有代理区域的划分，全部都为厂家签订订单，没有"越区代理"的说法，厂家也可以在各个区域进行产品的直销和批发等。这种代理商的营销方式通常都是通过产品的品牌、声誉和市场的影响力来具体实行，因此代理商自身其实并没有多大的营销能力，而是主要依靠产品市场的影响力来实现畅销。当前多家代理已经引入了市场竞争机制，这样就使企业变成了主动地位。

如果企业采用的是独家代理，而代理商不配合企业的行动，或是代理商本身的营销能力欠缺，那么企业就会无计可施。但是如果企业采用的是多家代理的形式，那么企业就不必只依靠其中的一家代理商，若某一家代理商没有达到企业的要求，还有其他的代理商作为"后援"，这样就使得企业的营销更加有保证。除此之外，在多家代理的方式下，各代理商之间就会展开激烈的竞争，这就有利于企业打开市场。实行多家代理的方式还存在一个巨大的弊端，那就是极易引起各代理商之间的恶性竞争，他们之间的竞争最为明显的是表现为价格的竞争。如果其中的一家代理实行降价，那么另外一家虽然可以向企业进行反映，但是通常情况下也就随之进行降价。这种恶性竞争导致的一个严重后果就是代理商收入很低，或是由于降价导致服务质量下降，或是为了节省成本忽视了售后服务，最终使得厂商的信誉和形象受损。

2. 总代理与分代理

总代理指的是，委托人在代理协议中指定地区的全权代表。总代理在指定的地区内，有权代表委托人签订相关的买卖合同，展开产品营销等商务活动。因此，总代理人拥有很大的代理权限。实行总代理制具有很明显的优势，就是可以利用代理商开拓市场，而缺点就是导致代理层次过多，造成企业管理不善。

总代理商虽然是独家代理商，但是独家代理商却不一定是总代理商，并不是所有的独家代理商都具有分代理商的所有权力。采用总代理上网形式，就会使得代理层次更为复杂，因此就经常将那些总代理商称为一级代理商，而分代理商则称为二级或三级代理商。有的分代理商是由原厂家指定的，但是大多数分仍是由总代理商来进行选择，然后再报告给厂家请求批准，分代理商要受到总代理商的制约。

3. 佣金代理与买断代理

佣金代理指的是，代理商的收益主要来源于经销的佣金，代理商制定的价格要受到一定的限制，又可以分为代理关系的佣金代理商、买卖关系的佣金代理商，其所承担的风险较小。而买断代理需要向厂商进货，在收不到货款或是货款无法全部回收的情况下就需要承担相应的损失，因此风险较大。

（二）农产品经纪人

农产品经纪人指的是，从事农产品收购、储运、销售以及代理农产品销售、农业生产经营信息传递、农业销售服务等中介活动而获取佣金或利润的人员。从当前农产品经纪人的从业状况来看，可以将其分为科技型经纪人、信息型经纪人、销售型经纪人、复合型经纪人等。

1.农产品经纪人应具备的知识结构

（1）农产品商品的基础知识。农业是国家的基础产业，因此农产品所涉及的范围也是非常广泛的，并且随着社会经济的不断发展，农产品细分化的趋势也更加明显。农产品的经纪人应结合自身的实际状况，能够掌握和了解自身所经营的农产品的相关知识和信息，包括农产品的分布范围、品种类别、总体数量、市场价格、等级鉴定等相关内容，做到心中有数。除此之外，农产品经济人还应该对经纪范围之外的农产品情况进行相关的了解，及时抓住机遇，拓宽自身的经纪范围。

（2）与农产品相关的基本技能。从一定的意义上来说，农产品的经纪人指的应该是在某一农产品领域的专业人士，不仅需要掌握大量的农产品知识，还要能掌握相关的操作技能。例如，对于某种农产品分辨好坏的方法，鉴定等级的方法，掌握具体的质量要求指标方式，都要能够熟练掌握。大多数的农产品都具有明显的季节性和保质期时间限制，因此掌握关于农产品的包装、储藏、运输等方面的也很重要，尽量使农产品保持原样。只有农产品的经纪人足够了解，并掌握每个环节的产品需求和技术需求，才能保证经济人工作的顺利进行，并且从中获取良好的收益。

（3）经营管理知识。虽然农产品经纪人从事的是中介服务的工作，但是整个经营活也需要丰富的经营管理知识。经纪人所从事的经纪活动并不是简单地将农产品的买卖双方联系起来，而是一个完整的经营活动。经济人在进行这个经营活动的过程中，要对当前的市场需求有全面的了解，掌握农产品在采购、销售等方面的方法和技巧，要能够依据市场环境的变化及时对农产品的发展趋势做出合理的判断与预测，还要能够对农产品的成本做出正确的核算。从农产品经纪人自身的发展状况来看，想要成功运作整个经纪队伍的经营活动，就必须依靠并运用经营管理的相关知识。

（4）财务会计知识。农产品经纪人在实际进行经纪活动的过程中，还需要掌握一定的会计知识。需要对自己的经营成本、利润等进行详细的核算，并且还需要为给交易双方提供一些涉及农产品成本、利润等相关财务方面的问题咨询，因此对于一个成功的经纪人来说，掌握一些必要的财务会计知识是很重要的。经纪人学好会计知识，还有助于提高自己的理财能力，合理规划自己的资产。

（5）相关法律知识。我们的国家是一个法制的国家，任何地方都需要有法律来进行约束。在市场经济条件下，就更需要用一些相关的法律、法规来对市场主体的经济活动进行约束和规范。农产品经纪人在进行经营活动的过程中，需要了解、掌握相关的经济政策和法律、法规，以此来使自身所进行的中介活动合理、合法。这不仅能够帮助委托人顺利完成其交给的任务，并且在遇到不合理的待遇时，还可以运用法律武器来维护自身的合法权益。

（6）信息技术应用知识。当前我们已经进入了信息化时代，信息的收集与整理对每个人来说都是非常重要的，因此这就需要对获取信息的工具能够熟练地运用并掌握。农产品经纪人要克服不利的客观条件，学习并掌握现代信息技术知识及手段，以保证自己能够在最短的时间内掌握农产品、市场等方面的相关信息，只有这样才能够让经纪人始终处于市场的最前端。除此之外，农产品经纪还应该根据本行业经纪项目的特点，了解相关的安全卫生知识，保证自身所经纪的农产品符合食用、使用的标准，能够正确地运用相关的工具，防止意外事故的发生，降低风险的发生。

（7）经济地理知识。我国幅员辽阔，农产品具有很强的地域性，农产品的种类繁多。农产品的经纪人应掌握所运营的农产品的实际分布概况、具体产地、交通状况等基本地理知识。在必要的时候，还需要对国外相关的农产品分布情况也进行一定的了解和熟悉，以拓宽自身的经纪渠道。

2. 农产品经纪人的作用

（1）调整农业产业结构，加快农业产业化经营。农产品经纪人所进行的经纪活动可以有效促进农业产业结构的合理化经营。农产品经纪人作为联系生产和消费的纽带，将农民的生产和市场需求紧密联系起来，充分发挥自身的桥梁作用，使农民的生产经营能够与市场的实际需求相适应。将二者有机地结合起来，使农业的产业结构能够顺应市场的发展趋势并逐渐趋向合理化。农民经纪人还是促进生产者与他人完成产品交易的一个重要联结点，其掌握着农产品的供求状况，担负着农产品市场变化相关信息传递的任务，因此对农业生产起着一定的指导作用，并且还可以将零散的农产品集中起来进行交易，加快农业产业化的经营。

（2）加快农产品商品化的速度，促进农村的资源优势转化为商品优势。为了推动农业现代化，国家实行了一系列的惠农政策，建成了一大批具有专业性质的现代化农产品基地。农产品要推向市场，需要加快转化为商品的速度，这就需要一个良好的流通渠道。农产品经纪人正好可以在这个方面起到很好的沟通、中介作用。农产品经纪人可以通过一定的渠道将本地的农产品资源推广到市场上,将市场的需求和本地的生产紧密联系在一起,从而在本地形成强大的商品优势,能够将资源优势快速转化为市场优势。

(3)改变农民生产的传统经营观念,提高农民的市场意识。农产品经纪人的发展需要依赖于市场,因此就必须在具体经纪活动过程中,能够全面了解经营,学会管理技能,切实掌握市场的变化趋势,并随之调整相应的经营管理理念。农产品经济人在产品的生产、包装、储运和销售等方面都要了解、掌握到最新的符合时代要求的做法。因此,农产品经纪人往往有着较强的市场经济意识和组织能力。促进农业的发展,提高农民的收入,可以先将经纪人的行为和观念作为先导,把最新的市场信息、好的观念带到农村、传给农民,逐渐培养并加强农民的市场意识,从而能够使所生产出来的农产品更好、更快地走向市场。

(三)农产品批发市场

农产品批发市场指的是,专门为农产品批发交易提供交易场所和条件的平台,属于我国农产品市场体系的一部分,是农产品流通的主渠道和中心环节。农产品批发市场是农产品流通的主要市场类型,能够将农民、运销商贩、中介组织、农产品加工企业等主体连接在一起,其中流通的主要商品是农业原产品和初加工产品。

1. 建设农产品批发市场的重要意义

世界上的大多数国家都建设有农产品批发市,这就在某一个程度上说明了农产品批发市场的重要性,尤其是对那些人多地少、农业经营规模比较小的国家或地区来说,就显得更为重要。我国人口数量庞大,人均耕地面积就相对变小,再加上我国主要是以农户小规模经营为主的农业格局,因此国家就更为看重农产品批发市场的建设与发展。

随着商品经济的发展和市场机制的不断改革,农产品批发市场也就随之产生了。农产品批发市场能够将农产品的生产和消费者直接联系起来,能够保证农产品的销路、增加农民的收入,还能够及时保障城镇的市场对各种农产品的需求。

农产品批发市场具有商品集散、价格发现和信息传输三个重要功能,它的建设和发展是统筹城乡发展的一个重要环节。全国现有农产品市场 4.4 万家,其中批发市场 4100 多家,年交易额在亿元以上的批发市场有 1300 多家,农贸市场、菜市场和集贸市场近 4 万家,吸纳就业人员近 700 万人,促进了农村剩余劳动力的就业，成为了沟通城乡关系的重要纽带，众多的商流、物流、资金流、信息流都在此汇集，是城乡经济文化交会的中心。

从上述中我们可以看出，农产品市场批发市场在促进农业生产、保证市场供应、提高农民收入、统筹城乡发展等方面都发挥了重要的作用，是建设现代化农业的重要支撑体系。

2. 加强农产品批发市场建设和升级改造

农产品批发市场的产生和发展，有其自身的客观规律。市场的建设和成功运行，对区位、交通以及研究批发市场的辐射带动范围和能力都要进行全面的考察。不同市场的建设所要关注的要素也不相同，例如产地批发市场的建设要以相当规模的生产基地作为依托，而销售地批发市场的建设就必须锁定相当规模的消费群体。在通常情况下，产地大中型蔬菜、水果批发市场的生产基地规模应在 30 万亩以上，在一两百万人口的大中型城市中有 1～2 个销地批发市场就可以。由于批发市场的建设占地面积很大，需要投入的资金多，因此要想充分发挥其应有的功能就必须由政府来统筹制订科学合理的布局规划，不能随便建设。在其他的很多国家，都设有相应的法律来对批发市场的建设进行规范，对投资者、批发商、市场管理者和政府的行为进行规范，并且对市场的布局及其申报审批程序等都有严格的规定。

与其他国家相比，我国的农产品批发市场建设起步较晚，很多批发市场都是从集贸市场发展起来的，因此交易条件和市场环境较差，市场硬件设施较为落后，软件管理也不规范，农产品的质量安全没有保障。面对这样的现实情况，近年来各级政府一直在推进批发市场的升级改造工程。国家的发改委、农业部、财务部、商务部等部门都专门拨出了一笔资金来扶持市场的发展。2015 年《全国农产品产地市场发展纲要》发布以来，农产品产地市场由自发分散向规范有序转变，由集散交易场所向复合功能平台发展，初步形成了以国家级农产品产地市场为龙头、区域性农产品产地市场为节点、田头市场为基础的农产品产地市场体系。

截至 2020 年底，已建设 21 个国家级农产品产地市场，带动各地建设了一批区域性农产品产地市场和田头市场。"十四五"期间要立足新发展阶段、贯彻新发展理念，立足我国农业农村实际，优化市场布局，补齐设施短板，提升运营效率，拓展服务功能，强化发展支撑，加快建立现代农产品产地市场体系，推进农产品流通现代化，为全面推进乡村振兴、加快农业农村现代化提供有力支撑。

第三节 农产品网络营销

农产品网络营销，又被人们俗称为"鼠标+大白菜"式营销，这是一种农产品营销的新型模式。其主要是通过利用互联网来开展农产品的营销活动，包括网上农产品市场调查、促销、交易洽谈、付款结算等活动。

一、农产品网络营销概述

（一）农产品网络营销的定义

农产品网络营销是指在农产品销售过程中，全面导入电子商务系统，利用信息技术，进行需求、价格等发布与收集，以网络为媒介，依托农产品生产基地与物流配送系统，为地方农产品提高品牌形象、增进顾客关系、改善对顾客服务、开拓网络销售渠道并最终扩大销售。

农产品网络营销产生在 20 世纪末，经过一段时间的发展，目前已经成一种最引人注目的销售模式。在很多乡村，农户都已经开始通过网络来了解农产品在需求、价格方面的信息，并且还通过网络进行农产品销售，比如抖音带货、电商销售等，取得了很好的效果。

（二）农产品网络营销的优势

1．降低交易成本

将互联网作为信息通信的媒体，可以大大缩短小农户与大市场之间的距离，并且网络的通信速度很快，降低了信息传播的成本。从促销的角度来看，利用网上进行促销活动所花费的成本相对于传统媒体要低很多。由于省去了中间的很多人工环节，因此从客户服务的成本来看，就节约了在通讯、交通和差旅人员等方面的费用，网络营销的优势更为明显。

2．降低农产品腐败变质损失

大多数的农产品都是生物性的自然产品，如蔬菜、水果、鲜肉、牛奶、花卉等都具有鲜活性和易腐性,因此对这些农产品进行保险就显得尤为重要。在传统的营销方式中，其流通过程总是要耗费大量的时间，因此农产品腐烂变质的情况极为严重，这就为农产品生产者带来了巨大的损失。而通过农产品网络营销，将农产品的销售信息迅速达到客户的手中，这样就缩短了农产品的销售时间，降低了农户的损失。

3．增加交易机会

传统的营销模式总会受到时间或是空间上的限制，而网络营销则弥补了这个缺陷，通过网络可以提供 24 小时的交易机会，并且还扩大了交易的范围。在原来的农产品市场中总是会受到时空的限制，由于节假日等因素和营销市场的开市与闭市，从而影响了农产品的正常销售。而网络市场是没有闭市的，因此无论消费者在什么地方、什么时间，只要通过网络就可以实现交易。传统的营销方式地域局限性很大，而网络销售则是一种全球性的活动，只要消费者拥有一部电脑或者手机就可以随时随地购物。所有的网民都可以看作是农户自己的目标消费对象。同时，随着冷链物流、绿色物流等业务的发展与完善，农产品网络销售的后顾之忧越来越少。

4．有利于形成农业生产的正确决策

当前，我国农业生产中存在的一个重要的矛盾就是"小农户"与"大市场"之间的矛盾。在传统的农业生产和销售的过程中，农户的信息主要是来自周边地区，对市场的信息把握不准确，因此经常会产生决策失误。由于信息不准确，导致生产决策的错误。通过网络营销的方式，可以为农户和农业企业提供全方位的市场信息，农户和企业可以通过分析市场情况，制定出正确的生产决策，从而降低生产和经营的风险，获得更多的利润。

（三）农业信息化与农产品营销

农业农村部印发的《全国乡村产业发展规划(2020—2025 年)》提出，到 2025 年，农产品网络销售额达到 1 万亿元。随着 5G 技术、大数据技术的迅速发展和广泛应用，农产品营销迎来新的机遇。传统营销方式下的农产品对手交易，逐渐演变成为了通过对各种资源的数据信息整合，通过大数据分析进行针对性销售，提高营销效率。

1．信息化是农业发展的必然选择

我国在 20 世纪 80 年代中期开始了农业信息网络的建设，在 1986 年组建了农业部信息中心。农业部建立了"中国农业信息网"，并通过 DDN 方式接入了国际互联网，随后农业部又与地方政府进行联合，建立了省（市）级农业信息网络平台，在全国的大部分省区都建立了农业信息中心，县级农业信息中心也在逐步建立之中。农业农村部会同各地区、各部门大力推进农业农村信息化发展，推动现代信息技术向农业农村各领域渗透融合，取得了阶段性成效。信息化基础设施明显改善，智慧农业建设取得初步成

效，农产品电商快速发展，农业农村大数据逐步应用，数字乡村建设起步良好，创新能力持续提升，农业农村信息化已经成为推动农业农村现代化、助力乡村全面振兴的新手段、新动能。

"十四五"是农业农村信息化从"盆景"走向"风景"的关键时期。从农业信息化发展机遇看，一是"十四五"时期三农工作重心转向全面推进乡村振兴，农业农村领域成为政策高地，资金投入和政策支持力度不断加大；二是发展数字经济已经成为国家战略，我国数字经济规模已经连续多年位居世界第二，农业农村领域现代信息技术创新空前活跃，新产业、新业态、新模式不断涌现；三是在国内国际双循环新发展格局下，农村日益成为我国经济内循环的增长极、消费增长的新兴力量。

2. 推动农产品销售数字化

总体来讲，中国作为农业大国，农产品的生产与销售是重中之重，数字化的今天，不仅要知道了解如何更好地生产产品，更应该掌握如何更好地销售营销。新时代下互联网将是数字化营销的主力军。与以往的口头宣传、小面积单区域推广对比，利用网络将有效扩大营销范围与力度。解决现存的相关问题将对农产品更深一步的数字化营销具有重要意义。

新时代下农产品数字化营销仍然处于上升阶段，也存在一系列的问题，在数字化的时代，利用新媒体进行农产品营销对实现农民增收、农村发展、农业富强具有深远意义。在"互联网+"的背景下，农产品数字化营销将迎来新的机遇与挑战，传统电商渠道正面临流量下降、推广成本高等问题，须积极拓展电商直播与内容电商流量。线下渠道强的，有必要开拓线上渠道；线上渠道强的，也要积极谋求线下渠道布局，最终完成线上线下融合发展。要想在激烈的竞争中脱颖而出，需要生产链各方共同发展，生产端、销售端等上下游均应发挥自身优势，进一步提升产品质量，优化产品价格，扩大销售渠道，丰富促销方式，借助社会各界发展趋势与机遇，搭上时代发展与政策优势，实现产业进一步提高与发展。有效进行农产品数字化营销，构建数字化营销体系在新时代下对乡村振兴以及带动区域经济发展等方面将具有重要社会意义。

二、农产品网络营销的发展

（一）农产品网络营销发展的必要性

当前全世界的人们都已经进入了信息时代，网络的使用者越来越多，并且呈现持续快速增长的状态，网络科技也愈加完善，电子商务的应用日趋成熟。互联网发展的良好态势就为农产品网络营销的发展奠定了基础。农产品市场变化莫测，这就要求农产品的营销必须有效地运用现代信息技术和科技手段，才能在瞬息万变的市场中敏锐地捕捉到消费者的需求信息，然后再以恰当的方式来充分满足消费者对农产品的需求，并且在此过程中还要重视农产品网络营销自身的发展。其主要原因主要有以下几点。

1. 贸易全球化发展的必然要求

随着农产品贸易的全球化的不断发展，使得农民不再是只为了一个地区或是一群人进行生产，而是要面向全球的农产品市场，根据国际市场的需求状况来确定相应的农业生产计划。这种经营模式不仅有利于促进农业生产结构的调整，发展优势产品，并且还能降低劣势农产品的产量，达到资源的优化配置，实现农业产业的优化组合。我国幅员辽阔，各地的农业生产都具有自己的特色和优势，如果农民可以准确把握市场的需求信息，就可以生产各种不同用途的农产品，从而抢占农产品市场的份额。2021年，我国农产品进出口额3041.7亿美元，较上年增加573.4亿美元，同比增长23.23%。其中，出口额843.5亿美元，同比增长10.9%。随着农产品出口规模的不断扩大，要求营销者充分运用现代信息技术来实现同国际市场中其他国家的贸易活动。

2. 农产品营销对市场信息依赖性的加大

随着农产品生产的商品化程度不断提高，消费者需求差异的日益个性化，这就对农产品的营销者提出了更高的要求，必须建立国际国内农产品市场信息系统，聘请专门的人才来对农产品的价格走势进行分析，同时还要对气候对农业产生的影响进行全面的把握，为农产品生产者提供技术和信息服务，以确保农产品市场能够有序地运转。

（二）农产品网络营销发展的影响

农产品网络营销虽然是在传统的农产品流通模式基础上发展起来的，但是农产品网络营销绝不是传统流通方式的简单代替，而是传统农产品销售模式的一次革命。网络销售的发展已经对农业经济产生了深刻的影响，改变了农业经济的发展思路，主要表现在以下三方面。

第一，农产品网络营销的发展以及大数据技术的应用打破了原来农户封闭的生产经营方式，给农民带来更多的市场供需信息，让农户了解市场和最新的农业发展动态，对促进农村农业的现代化具有重要意义。网络时代，传统意义上的农民也变成了"网农"，成为互联网经济中的一分子。

第二，农产品标准化生产难度大制约着农产品的流通力度。网络市场的建立和发展要求农产品不断实行标准化，这就必然要求农产品在品牌和竞争力上都要有所提升，促进农产品经营的现代化。

第三，农产品网络营销的发展缩短了交易流程，使交易变得更加公开、公平、透明。市场中的农产品交易价格能够更加真实地反映供求关系，以便各级部门和农户能够科学安排生产，解决农产品销售的难题。

（三）农产品网络营销发展的障碍

1. 农产品标准化程度低

农产品标准化是指农产品在生产过程的管理规范，产品质量必须符合标准。农产品质量标准的制定要从生产环境、制造工艺、产品品质、加工和包装等各个方面，使农产品生产的各个环节都能进入系统化管理的轨道，实现农产品的全过程管控。调查发现，农产品标准化存在诸多问题，如质量低，农产品专业化程度低，加工水平落后，生产技术规范少，生产技术落后，化肥和农药过多等。此外，由于我国尚未建立农产品的统一标准，农业生产过程和农产品质量的标准化水平偏低，直接阻碍着网络营销的发展速度。所以，提高我国农产品标准化，十分迫切。

2. 农村网络基础设施薄弱

第七次全国人口普查结果显示我国目前乡村人口占36.11%，虽然我国城镇化率提升迅速，但农业人口基数依旧庞大。《中国互联网络发展状况统计报告》显示，截至2021年6月，我国农村网民规模为2.97亿，农村地区互联网普及率为59.2%。对于一些偏远地区、地理环境复杂、人口更分散的地区，宽带建设、运营和维护成本高且收益低，网络覆盖率比较低。从物流上看，农村物流体系仍存在诸多难点，比如农产品销售需要的冷链基础设施，驻村快递网点较少等问题依然存在。

3. 农产品互联网营销人才缺乏

在农村居民意识里，网络文化主要是用来休闲和娱乐，只有少部分意识到可以通过网络开展商品营销。当农产品遇到滞销时，他们根本没有用互联网改变困境的意识。要顺利在网络上进行农产品销售，不仅需要有一定的计算机操作能力，同业也要懂得营销并且非常熟悉农产品基本特点。

因此，人员水平、资源环境和技术条件的不足对农产品的网络销售工作形成了制约。

4. 乡村物流配送成本高,配送体系亟待完善

电子商务的优势是快捷性和费用低，如果物流环节不能体现这一优势，便成为阻碍电商发展的一大瓶颈。由于缺乏健全的物流配送体系，如缺乏专用的冷链运输技术设备，配送点分散，生鲜农产品难以及时配送，致使一些商品难以及时送达农民手中。因此，农村物流成本高、物流"最后一公里"是困扰农村电商企业发展的主要因素之一。

三、我国发展农产品网络营销的措施

(一) 政府引导发展农产品网络营销示范体系

从那些农业发展较为发达的国家中我们可以看出，没有政府的参与和大力支持，就很难顺利推进农产品网络营销的建设。有关部门应大力发展农村电子商务，促进形成农产品进城和工业品下乡畅通、线上线下融合、涉农商品和服务消费双升级的农产品流通体系和现代农村市场体系，培育一批各具特色、经验可复制推广的示范县。示范县重点商贸流通企业依托电商转型升级，降低物流成本，使农产品进城和工业品下乡有效畅通，建立新型农产品销售网络。

(二) 加强农村信息化建设

一是提升农村网络设施整体建设水平。在农村信息化建设过程中应增强基础设施服务,推广宽带通信网、5G移动互联网，加强信息化产品生产、设计。二是打造城乡一体化的信息化基础设施。在现有设施基础水平下，统筹推进城乡信息资源的利用，在一定程度上增强符合农民生产生活需求的信息技术、产品及服务的创新性，切实缩短城乡数字鸿沟。三是加快乡村基础设施向数字化转型的过程。通过信息化改变农村现有生产模式，打造农业数字化模式，不断推动农产品销售地数据化，提升农产品销售的针对性和效率，切实提升农民的收入。

(三) 培养"双创型"农民

随着农村互联网快速发展，农村经济体制也发生了巨大变化。不仅体现在农业生产链中，更体现在居民消费理念与生活方式的转变方面，其中最为

明显的表现是农民群体创业思维与创新意识的增加。互联网技术和思维与农业农村经济加速融合，为提升农业生产、经营、管理和服务水平不断注入新的动力。农民借助信息化手段，实现了从传统单一的生产者向生产经营主体的转变，懂生产、会经营、善管理的新型农民队伍正在壮大。农民凭借更加开阔的视野与更为现代化的思想观念，从以往只凭借于传统农业生产方式解决基本温饱问题转变到现如今积极主动寻找创业新机遇、创造新产品，在充分挖掘农村价值的同时，实现自身与农村的同步协调发展。

第四节 农产品其他营销方式

随着互联网技术的不断发展以及人们生活水平的提高，人们对农产品有了更高的要求，这就使得农产品营销衍生出来了更多的方式，包括农产品超市营销、期货交易以及拍卖交易等。

一、农产品超市营销

随着现代社会经济的不断发展，农产品流通的渠道也越来越多，除了传统的批发市场和农贸市场，超市也逐渐成了农产品进入消费者家庭的一个重要渠道，并日益突显出其重要的作用。

（一）农产品进超市的前提条件

1. 食品质量和食品安全有保证

随着人们生活水平的不断提高，人们的消费需求也在不断发生着变化，近年来，人们对于食品的安全问题更是极为关注，并且已经成为影响消费者购物的一个最主要的因素。随着人们健康意识和安全意识的不断提高，只有那些符合质量和安全标准的农产品才会得到消费者的广泛认可，也才能够顺利进入超市。截至 2021 年底，已发布食品安全国家标准 1419 项，包含 2 万余项指标，涵盖了从农田到餐桌、从生产加工到产品全链条各环节的主要健康危害因素，保障全人群的饮食安全。

2. 农产品有优质的包装

农产品想要进入超市进行销售，其包装就必须符合超市的要求。例如，超市要求产品要小包装、防污染、耐用，并且图案设计还要精美，只有这样才能吸引消费者的目光。原来，挂面的包装极为简易，只是用干净的纸张来进行包裹，这样的产品就不适宜在超市中进行销售，既容易破损又容易污染。因此，后来挂面就采用了塑料袋小包装，显得十分精致，消费者在食用过程中也感觉极为方便。我们在超市中看到的很多水果和蔬菜大都经过了简单的处理，用托盘和保鲜膜进行包装，这样就会显得整洁美观，消费者也乐于购买这样的商品。

3. 农产品供应能力强

由于大型连锁超市对商品具有大量采购、均衡供应、常年销售的特点，因此农产品要想进超市，其生产和供应就必须拥有一定的实力。超市主要是依靠规模化的经营来树立价格优势，获取利润，因此更加看重产品供应链的建设，对那些规模大、组织化程度高、产量供货稳定的农产品企业会更加青睐。那些规模较小的农产品企业的运营成本相对较高，履约程度低，因此建设大型的农产品供货基地被很多企业所看好。

(二) 农产品超市经营现状

1. 传统农贸市场的弊端

（1）消费风险。传统的农贸市场主要是以水产品、畜产品、水果、蔬菜个体经营为主，里面"鱼龙混杂"，大量的假冒伪劣商品充斥其中，对农贸市场的产品进行严格的控制监察是非常重要的问题。由于市场中设备简单，人口密集，因此很多农鲜农产品极易腐败变质。农产品的价格、品质和交易行为的规范性等都不能得到保证，使得消费者在购买的过程中就加大了消费风险。

（2）城市管理与环保。城镇农贸市场是当地生鲜供应链销售的终端，如果频繁进行扩建，那么势必会给城镇的垃圾处理、环境保护和市容管理带来压力，大中型城市市场占地矛盾也会日益突显出来。

（3）无效物流和潜在高成本。根据一项农贸市场的相关调查显示，将蔬菜中毛菜和净菜销售的结果进行比较发现，100吨毛菜会产生20吨垃圾，从这里就可以看出将毛菜送到农贸市场进行销售会产生巨大的无效物流成本。如果再加上相关的垃圾处理、环境保护和市容管理方面的费用，想要维持农贸市场的正常运作，需要花费的成本开支是相当高的。

2. 农产品超市经营的优势

通常情况下，超市里面的农产品价格相对较高，但是其在卫生、安全方面都会得到保障，并且超市里面的农产品保险技术也要远远优于农贸市场。农产品进入超市，是对农业产业化经营新的挑战。从企业的角度来看，产品进入超市是企业参与市场竞争的一个起点。因为农产品进入超市是商品化生产成熟的标志，只有产品进入超市，才能产生品牌效应，才能对农产品全程进行质量监控，才能真正实现优质优价。质量和规格都没有达到标准的农产品无法进入超市之中，农产品进入超市进行销售是其向外拓展销售的前奏，如果农产品连超市都无法进入，那么其就根本不可能进入国际市场参与竞争。在超市中进行农产品的营销必然会成为以后农产品发展的一个必然趋势，这是符合消费者的心理需求的。

（三）农产品超市营销策略

1．建立高效畅通的农产品流通体系

（1）建立大型农产品生产基地。如果超市农产品是由生产基地直接供应的，那么就可以大量降低中间环节的费用，并且还可以建立直接畅通的信息渠道，降低双方的市场风险，同时还能够发挥连锁超市统一采购、多店销售的优势，从而有效地降低成本，尽量让消费者购买到物美价廉的商品。

（2）积极发展配送中心。发展配送中心可以从三个方面进行考虑。第一，超市自建配送中心。很多大型超市采用自营的方式，拥有自己的生鲜配送中心，因此它的蔬菜价格就会相对较低。第二，让有实力的现代农业龙头企业充当配送中心。龙头企业与超市进行合作，签订协议，建立供求关系，从而保障双方的利益。第三，由专业的第三方物流来进行农产品的配送。采用这种方式可以加快农产品的流通周转速度，从而实现超市经营的规模效益。

（3）培育新型农产品流通组织。提高农产品流通组织化程度，大力发展农业专业合作，提高农产品种植和养殖规模，这样就可以缩短农产品进入超市的时间，从而节约流通的成本，提高交易效率。例如，建立的农民合作组织不仅可以加强农民之间的合作，实现资源、信息共享，提高市场的适应能力，还可以形成一种强大的抗衡力量，在农产品价格受到压制后可以进行强有力的集体反击，改变单独的农户在市场中所处的弱势地位。

2．加快农产品标准化工作

农产品标准化是农业深度融入数字经济的关键环节。《"十四五"电子商务发展规划》指出"提高农产品标准化、多元化、品牌化、可电商化水平，提升农产品附加值。要依托区域品牌推进农产品标准化建设工作。支持鼓励不同地区依托自身的特色农产品打造标准化流程，科学合理地构建符合本土特征的生产、流通以及销售环节的标准，打造区域品牌标准化体系。政府部门统一牵头生产方及技术专家共同研定农产品区域品牌各类标准，切实通过标准建设保障农产品质量、推动农产品品牌价值提升。当前很多大型连锁超市集团在向全国推出生鲜食品招标采购计划过程中对招标采购的主要农产品品种，联合有关部门制定了相关农产品质量标准，包括感官指标、理化指标、鲜度指标和安全食用指标等，企业的积极加入会对农产品标准化工作的实现产生巨大的推动作用。

3. 发展连锁经营，实现规模效益

农产品超市的经营方式可以分为单体店和连锁店两种方式，其中实行连锁经营的企业只有少数部分。通过实行连锁经营取得规模效益，是超市发展制胜的一个重要措施。研究显示，只有当超市的分店数量达到一定数量时，才会产生规模优势。为了实现规模效益就要不断进行整合，鼓励那些实力雄厚、有经营经验的企业去兼并或重组那些经营不善、实力不强的企业，最终形成大型连锁企业，真正实现统一采购、统一配送、统一管理、统一核算。通过连锁经营来降低企业的经营成本，保证农产品质量的前提下，实行薄利多销，争取更多的消费群体，获得规模效益，实现可持续发展。

二、农产品期货交易

（一）农产品期货发展的意义

1. 规避农产品交易风险

农产品面对的风险来自自然因素，近年来由于政府对农业的补贴加大和保险的实施，自然因素带来的风险渐渐不再主要。由于农产品的市场价格具有滞后性，农民无法通过有效渠道及时获取价格信息的变动，会造成农产品市场供大于求或者供不应求，导致农民的损失加大。但是通过期货市场交易，生产者可以依据价格信息确定规模，便不会有生产过剩或者短缺现象发生。

2. 期货是企业改善经营和保值避险的有效工具

生产者可以通过在期货市场上的操作，在价格向不利方向变动时将风险转移给投资者，也可以通过对冲，保持头寸的平稳。通过套期保值，将

生产者的损失降到最低水平，有利于降低企业成本，稳定企业收益，增强生产者的信心，有利于农业的可持续经营。

3．农产品期货市场能够引导农业种植结构的调整

农业结构的调整不但能够"全面提高农产品的质量，优化农村区域布局，实现农业的可持续发展，实现城乡经济协调发展，解决农产品卖难和农民增收困难"，而且还"立足于农业和农村经济的长远发展"，客观上照顾到"国民经济发展的全局"。但就目前而言，农民最紧迫的要求似乎仍在于解决农产品"卖难"和农民增收困难的问题，农业结构调整最重要的是种植结构的调整，通过种植结构的调整，使农民能够根据市场需要种植适销对路、能够带来良好经济效益的产品。

在市场经济条件下，单纯的政府行政命令对调整农业种植结构显得力不从心，必须借助于有效的价格信号和市场手段来正确引导农户和农业企业。农产品期货市场是供求信息最集中的地方，汇聚了各方投资和预测的专家，这使得农产品期货价格成为未来市场最具代表性的价格，能够反映市场走向，通过农产品价格就可以制订未来的种植和生产方案。这样，农产品的期货价格就成为调整农产品种植结构的重要依据之一。

4．农产品期货市场能够促进农业产业化

发展农业产业化是我国发展农业的基本方向，然而，在实行农业产业化过程中，由于经营风险的存在和价格变化无常，产业化过程中所采用的主要方式"订单农业"难以有效执行。为此，我国应利用期货市场的信息功能、价格发现功能、规避风险功能、日清算式强制交割功能以及随时对冲了结头寸的自主退市功能，降低"龙头企业"和农户在农业生产经营中所存在的风险，保证"订单农业"的顺利进行，保障农业产业化的顺利发展，完善农业农村现代化经营体系。

（二）健全现代化农产品期货市场

推动传统生产方式向新农业生产方式的根本性变革，催生新型现代化农业生产方式。我国农业的发展还十分薄弱，实现农村经济发展的根本性措施就是建立起适应市场经济要求的新型现代生产方式。例如，对于小麦这种主要的粮食作物来说，就要在实现规模化、产业化经营的基础上，逐步形成小麦种子培育、技术推广、质量检测和现代流通体系。很多粮食企业参与期货经营，不仅促进了农产品质量检测体系在产业化中的形成和完

善，而且还促进了企业机制的转换，从根本上改变了政府全面包办和干预的状况，打破了传统的小农生产方式，增强了农民的市场经济意识、科学种田的观念和质量标准意识。

围绕服务国民经济发展的方向，建设粮、棉、油、糖等重要农产品的现代化期货市场。我国的中西部地区是经济相对落后的农业地区，当地的经济发展和农民收入增加的问题，在全国农业经济发展中都占有极其重要的地位。例如，郑州的商品交易所在小麦和棉花平稳运行的基础上，从国民经济发展的实际情况出发，为了中西部地区经济发展的需要，逐步推出白糖、油菜籽、花生仁等为大宗商品生产者和消费者提供发现价格和套期保值功能的商品期货品种，为我国农业的发展，特别是促进中西部地区农业结构的调整提供了有效的价格信息，大大提高了当地农民的收入。

逐步推出新的大宗农产品期货，包括白糖、油菜籽和小麦等，初步实现由单一的粮食期货市场向兼有粮、棉的农产品期货市场的转变。

三、农产品拍卖交易

（一）农产品拍卖的定义

拍卖是一种带有典型市场经济色彩的商品交易方式，《中华人民共和国拍卖法》第3条规定："拍卖是指以公开竞价的形式，将特定物品或者财产权利转让给最高应价者的买卖方式"。

农产品拍卖指的是，通过现场公开或密封出价的形式进行拍卖，将组织来的农产品，逐批次限期拍卖给最高的应价者。拍卖形式根据是否在线上进行可以分为两类。

第一种是传统拍卖，指的是在综合性拍卖机构的常规拍卖会上，通过购买商举牌应价的形式，然后由注册拍卖师将供货商委托的农产品公开叫价落槌的交易方式。

第二种是电子拍卖，指的是专业化的拍卖机构受供货商的委托，通过一些电子拍卖系统、电子屏幕、电子结算设备和计算机等，以购买商线上竞拍的形式实现农产品的拍卖。

（二）农产品拍卖的特点

1. 拍卖标的数量较大

大多数的农产品都是人们生活的必需品，因此尽管单位价格较低，但是拍卖的交易量却很大，这就需要一些固定的仓库和存储设施来对农产品进行存储。与其他的文物艺术品拍卖不同，农产品的拍卖通常都是采用千吨计的粮食标的，必须有一定数量的粮库作为存储地。

2．拍卖标的具有易损耗性

很多种类的农产品都含有大量的水分，不易进行保存，因此对保鲜冷藏技术的要求较高。在对农产品进行管理的过程中，任何一个疏漏都可能会造成大量农产品的变质腐烂，尤其是对于蔬菜、水果、鲜花和海鲜水产品来说，保鲜难度更大。

3．拍卖价格具有不确定性

农产品在进行拍卖的过程中，农产品的交易价格会受到当时市场的供求矛盾、上市季节的不同、天气原因甚至是节假日等因素的影响。与文玩拍卖市场上同类产品交易价格的参考价值和可比性特点不同，农产品的拍卖往往会在年际价格间产生巨大的差异，甚至在同一年间不同的季节也会产生明显的价格差异，有时甚至出现忽高忽低的情况，拍卖价格具有极大的不确定性。例如，在雨雪、台风、霜冻等天气和春节前后，通常农产品的价格都会呈现上涨的状态；而在农产品上市的旺季，价格往往又会降低。

4．拍卖标的具有季节性和分散性

文玩收藏品的拍卖几乎不会受到地域和季节的影响，每年举行的春拍或秋拍只是拍卖经营机构为收集拍品信息和组织拍品所要求的。而农产品拍卖则不同，其受地域和季节的影响非常大，并且是不能改变的。我国农业的生产比较分散，因此农产品的产地分散在全国各地，通常和专业的农产品批发集散市场的地理距离相隔较远。除去地域的影响外，农产品的生产还有淡季和旺季之分，这两种因素都会对农产品拍卖市场的稳定性产生一定的影响。

（三）农产品拍卖市场中存在的问题

1．对农产品拍卖认识不足

虽然拍卖的方式在中国已经存在了很多年了，但是人们对拍卖的认识却并不全面。通常人们对于拍卖的理解就是，在不断加价竞买的过程中，产生一个最终买主的英国式拍卖。认为拍卖就是要人们互相竞价，使得价格越来越高，甚至高得离谱也在所不惜。正是由于这种对拍卖的错误认识，才使得长期以来人们不愿意接触和了解拍卖这种交易方式。这也是长期阻碍我国农产品拍卖获得社会广泛认可的一个重要的原因。

2. 农产品拍卖的交易成本较高

采用农产品拍卖的方式进行交易，这实际上是一种先进的交易形式，应该起到降低交易成本的所用，但是在农产品拍卖交易实践中，交易成本通常较高，主要是由以下四个方面的原因造成的：

（1）我国农产品拍卖市场体系还不够完善，农产品拍卖市场分割的现状增加了交易主体的信息成本。

（2）制度约束软化，增加了额外的交易费用。我国批发市场的交易方式对交易双方的约束软化，增加了市场交易的总费用，不利于培育市场主体和展开市场竞争。

（3）农产品拍卖市场信息技术发展落后。从事交易的双方存在严重的信息不对称状况。由于缺乏有效的信息收集、加工和传播手段，因此不能有效降低交易主体之间的信息不对称和花费的交易费用。

（4）市场职能转换滞后。在我国，大部分的农产品批发市场具有国有性，在农产品流通体制改革进程中政府职能转换滞后，增加了进场交易的手续费用。有的地方甚至会采取地方保护主义，增加了交易的费用。这些都严重阻碍了我国农产品大流通格局的最终形成。

3. 辅助市场条件的缺失

农产品标准化程度较低，增加了企业和消费者对商品检验的费用。由于农产品质量标准体系还不完善，因此虽然在期货市场中，有一定程度的标准化规定，但是大多数农贸产品仍然由于是没有明确的标准质量规定而很难进入农产品的拍卖流通领域。农产品标准化是推动农业供给侧结构性改革的必由之路。农产品市场同时存在供不应求和供过于求的问题，本质原因在于农产品存在着总量过剩但优质产品不足的结构性问题。供给侧提供的农产品已经无法满足消费者对于更多元、绿色、健康、高品质农产品的需求。农业标准化建设正是促进我国农产品从数量取胜向质量取胜转型的关键抓手，有助于促进资源优化配置，将更多产能转移到用于生产高品质的农产品，从而有效推进我国农产品的供给侧改革，实现供需平衡，推动农产品产业链向高端攀升统一标准的制定。这一切并不是单单依靠拍卖行业协会和单独的交易主体就能完成的，其必须有相关立法机关和政府部门的主动介入。

第七章　构建现代农村金融制度体系

加快农业农村现代化建设是"十四五"时期我国三农工作的核心目标，也是中国特色社会主义乡村振兴道路的总目标。农村金融作为乡村振兴战略中推动农业农村现代化的动力引擎，为乡村发展提供了强有力的资金支持，并秉承服务三农的本源，有效促进了金融回归实体经济，推动了农村经济社会发展。充分发挥金融支持农业农村现代化建设的功能作用，能够实现乡村产业兴旺、生态宜居、乡风文明、治理有效、生活富裕的全面振兴。

第一节　农村金融与农业经济发展

从经济学的角度看，金融是经济发展过程中的重要支撑；经济发展的整体也对金融具有重要的决定作用。这一重要规律在我国农村同样适用。然而，在我国农业农村现代化的社会背景下，农村经济发展存在极为不利的金融环境，也就是说当前我国农村金融条件制约了农业农村现代化的进程。

一、农村金融与农业经济发展的关系

农村金融与农业经济是部分与整体的关系。因此，农业经济决定农村金融的发展方向，农村金融为农业经济的发展提供物质基础。而从金融对整个农业产业的支撑作用来看，农村金融对农村经济起着重要的影响。

（一）农业经济决定农村金融

农业经济对农村金融的决定关系主要体现在三个方面。

1. 农业经济的所有制与经营形式决定农村金融的性质与形式

生产资料的公有制决定了农村货币资金运动中所形成的分配关系与交换关系的性质。这种分配关系，是通过信贷收支表现出的社会资金的分配与再分配关系；这种交换关系，是伴随着货币流通过程的等价交换关系。自十一届三中全会以来，我国农村实行联产承包制以后形成的家庭分散经

营和集体统一经营相结合的双层经营形式，在一定程度上决定了农村合作金融存在的必要性与合理性。农业经济中农业产业化等新的经营方式的产生，又在另外一个方向上决定了农村金融活动的多样性和广泛性。我国农村经济的多种经营方式要求我国农村金融要在金融产品上存在多样性，全国农村经济协同发展的大背景又要求我国农村金融在覆盖面上的广泛性。由此可见，当前我国农村社会经营方式发生的深刻变革要求我国农村金融体系在服务对象、产品种类、货币总量等方面产生深刻变化。

2. 农村经济的结构与水平决定了农村金融活动的范围与规模

我国农村经济这几十年有了巨大而深刻的发展。农村经济的飞速发展要求我国农村金融活动范围、产品种类等方面有与农村社会发展协调的变革。改革开放以来，我国农村经济从单一的种植业开始发展成为农、林、牧、副、渔以及其他非农经济协同发展的庞大体系。农业产业循环从单一的生产环节变成生产与再生产全面开花。这就要求我国农村金融体系改变原有的支持农村种植的单一产品体系，建设支持农村社会与经济的全面发展的现代化农业金融体系。

3. 农业经济的发展速度决定了农村金融的发展速度

通过金融手段向农村提供的货币资金，体现强化了农业农村现代化发展的物质基础的发展思路。如果信贷发放或货币投放在数量上或构成上与农村商品供求状况不相适应，不能换回同额对路的生产资料与消费资料，就会造成积压或脱销，影响全局的平衡。同时，农村储蓄余额的上涨，也要和农村居民收入的增长相一致，使积累、消费与储蓄保持一定的比例。

另外，农民要获得资金不仅仅只有农村金融这一个渠道。从当前我国农村人力资源、物质资源流动的现状看，我国农村资金的来源越来越多样化。这些一方面支持了农村经济的发展，另外一方面也要求我国农村金融体系跟紧农业经济的发展速度。因为，一部分农业经济产业已经符合我国其他金融体制的要求，其他金融体制已经开始进入我国农村。

(二) 农村金融的发展对农村经济产生重要影响

1. 农村金融有利于促进农业生产关系的发展

我国农村有不同的经济组织形式，既有全民所有制的国有农场，也有以家庭承包经营为基础的合作经济，还有个体、联营等其他多种经济形式。无论哪一种经济组织的发展，都需要农村金融体系的支持。因此，通过调整现有农村金融产品的结构，有助于我国现有的农村生产关系发展，维护农村经济制度的稳定。

随着我国城市化步伐的加快，农民变城市居民，新时代中国特色农场开始出现在我国的历史舞台之上。这是一个伟大的变革，说明我国农村正在向一个新的生产力发展阶段前进。而这一种新的生产关系的发展，则亟须我国农村金融体系的大力支持。大规模的农业要发展好，不仅需要我国农业生产制度实现变革，更重要的是资金的大力支持。这就要求我国农村金融体系实现产品上的变革。

2．有利于推动农村生产力的不断发展

通过学习马克思主义理论，我们知道生产力发展的一个重要标志就是生产工具的发展与进步。在现代农业发展中，生产工具的变革需要投入大量的资金，这一点正是我国农村和农业经济的不足之处。运用和扩大农村金融力量，发放设备贷款、生产费用贷款、经营贷款和开放性贷款，改善我国农村生产条件，提高农业经济生产的效率。资金的汇聚还代表着生产力量的汇聚。生产资金的流动推动了我国农业生产资源的流动。在资金的推动下，我国农业人才资源这一更为重要的生产力变革资源会更大规模地投入到农村生产之中。总之，大力组织农村资金，加大对农村经济的信贷投入，可以大力促进农村生产力的发展，提高农民收入水平。

3．有利于调控农村经济

农村金融机构通过政策的引导来调整信贷资金的贷与不贷、贷多贷少、期限长短、利率高低等，从而体现对农村经济各行业与单位的限制与支持，影响农村经济单位生产什么、生产多少、怎样生产等各个方面。因此，农村金融是国家对农村经济进行宏观调控的重要杠杆。

二、我国农业农村现代化呼唤与之相应的农村金融体系

推动农业农村现代化必须具有资源的支撑，资金投入是解决"三农"问题的物质基础和财力保障，也是我国社会各界关注的焦点。从当前我国农村发展的现状来看，我国农村资金依然短缺，这也成为制约我国农业经济发展的重要因素。

随着城镇化的推进和农村地区基础设施建设的加强，我国城乡社会的二元格局虽然有所淡化，但城乡地区之间的发展差异我们仍不能忽视。城市经济的大力发展，吸引了社会上的大部分投资，无形中加大了资本流入

农村、农业的难度。因此，如何打破城乡二元壁垒，使农业经济与城市经济共同发展，成为当前解决农业经济资金不足的重要突破口。

（一）我国农村金融市场需求的鲜明特点

适宜的金融制度安排必须能够满足微观主体的金融需求，有什么样的金融需求，就应有什么样的金融安排与之适应。

因为生产关系必须适应生产力发展的需要，不同生产力水平要求的金融服务方式有所差别。农村金融市场需求受制于农村经济发展水平和农村经济主体的需求行为。目前我国小农经济仍占主要地位，我国农村目前还是以个体家庭为生产和生活的基本单位，以个体所有制为基础，生产规模小，生产条件简单，自给自足与商品交换并存，重视亲友关系，依恋土地。所有这些决定了我国农户的储蓄及借贷行为特点：自我保障式的储蓄倾向较强，具有"轻不言债"的观念且正逐步转变，向亲友借款的比重仍然较大。[①]但随着改革开放的深入和农村经济的发展，农村经济服务需求也呈现出新的特点。

1. 需求主体多元化

农村金融市场需求是随着我国经济的发展而发展起来的。在计划经济时期，农村金融市场的需求主体主要是农村集体经济组织，作为整个国家经济的一部分实行信贷配给制。改革开放之后，农村市场经济的发展，培植了多元化的真正市场经济主体——农户、个体工商户，私营企业、乡镇企业、各种经济合作组织等，他们正是农村信贷的主要参与者。

改革开放以来，随着我国农业生产力的发展，我国农业商品化和市场化的程度不断提高，农村经济结构和农民的生产方式也发生了重大变革，专业大户、个体工商户，农产品加工、包装、运输企业，各种合作经济组织如雨后春笋般涌现。与之相应变化的是金融需求主体的不断发展。放下其他多元的需求主体不论，仅从农村企业出发，根据经营内容和生产规模也可以分为初级加工的乡镇企业、发育中的龙头企业、成熟的龙头企业等。不同类型的企业的金融需求也就变得日益多样化。再从农村需求主体最多的农户来看，有贫困农户、有以家庭为生产单位的个体农户，还有规模较大的、经济实力较强的联合种植大户、养殖专业户等。农民就业和收入结构呈现三大特点：一是农民种养业以外的产业增加和外出就业增加，农村地区

---

① 成思危. 成思危论金融改革[M]. 北京：中国人民大学出版社，2006：384-90.

的经济活动多样化。二是农民家庭经营比重持续下降，其他形式收入比重不断上升。三是外出就业和经营企业收入增势强劲。这些都表明我国农民和农村企业经营活动复杂化、收入来源和生产规模多样化，反映到金融市场上就是需求主体多元化。

2. 需求层次多样化

需求主体的多元化必然产生多样化的需求。基本的存贷款业务已经不能满足农村的资金需求了。随着农村产业结构的升级，农户和农村企业规模的扩大，它们对金融服务也提出了较高的要求：贫困农户的生产和生活资金都比较短缺，有的温饱尚成问题，信贷需求主要集中于基本生活开支；以家庭为生产单位的个体农户已经基本解决温饱问题，具有一定的信用意识，比较讲信誉，信贷需求有小额、分散的特点，主要用于基本生活开支和小规模的生产需求；个体工商业户、种养大户资金实力较强，具有较强的市场意识和信用意识，有进一步扩大生产规模和开拓市场的需求，其信贷需求主要用于生产经营；初级加工的乡镇企业一般是立足于当地的资源优势而建立，产品的附加值和科技含量不高，没有固定的分销渠道，容易受市场波动的影响，企业生存和赢利的不确定性很大，这一类企业的信贷需求主要集中于生产周转资金；发育中的龙头企业处于企业生命周期的成长阶段，具有一定的不确定性，贷款风险较大，对企业扩大再生产、开拓市场的资金需求很迫切；成熟的龙头企业资金实力比较雄厚，有稳定的供货来源和分销渠道，有较为健全的承贷主体，金融需求主要集中于生产经营。

综合来看，农村金融不仅有消费信贷需求，也有生产信贷需求，不仅有短期信贷需求，也有长期信贷需求，不仅有商业信贷需求，也有政策性信贷需求，不仅有小额、零星的信贷需求，也有大额、批发式的信贷需求，并随着经济发展，直接投融资需求将呈增长态势。

（二）当前农村多元化经济主体的投资与借贷需求未能满足

随着改革的深入，城乡个体私营经济迅速崛起，规模不断壮大，农户、个体工商户、农村中小企业等逐渐成为市场经济主体和社会投资的新兴力量。时代在发展，农民手持现金量也在逐步增加，这就为农村民间金融市场提供了资金来源。然而这样庞大的资金可选择的投资方式不多：第一，用于银行存款、购买国债或手持现金，这种投向尽管安全，但收益率太低。农村金融的低利率和服务机构的撤并，导致农村的闲散资金难以充分资本化。第二，投资于股票市场，由于我国股票市场发育不健全，投机者居多，再加上农村信息的相对闭塞和个人文化素质的限制，使这些资金投资于股票的可能性较小。第三，投资于民间借贷、各种营利性集资、合会等非正式金融领域。这种投资具有一定风险，但收益明显较高，因而被许多农民所接受。与农村提供的巨量资金成明显对比的是，我国农村经济面临庞大的资金需求。造成这一局面的原因则是我国长期以来所奉行的财政政策与金融政策。

从当前我国金融业发展的情况看，我国服务农业的农业银行实际上并没有起到服务农业的作用，反而是吸收农业资金施行支持农业的政策。这也是和我国长期施行的产业政策相符的。长期以来，我国施行工业支持农业，农村支援城市的金融政策，为农村和农业提供的贷款服务微乎其微。

目前在正规农村金融机构中，农村信用社分支机构最多，几乎遍及所有的乡镇甚至农村，是农村正规金融的核心力量。农村信用合作社在农村执行的是多存少贷的信贷政策，农村信用合作社确立了其农村资金外流的主要渠道地位。农村金融的另一个重要机构，邮政储蓄银行在农村执行的政策则是只吸收存款不发放贷款，通过储蓄资金转存入中央银行，转存利率与吸储利率之间的差额作为主要盈利来源。

我国农村明显存在人力资源不足，基础设施不健全的局面，投资农村或者在农村创业存在着很大的风险。然而银行从自身风险考虑，必然会规避这类主体的需求，将资金投向更有保障的主体——有政府支持的国有企业。这就造成了我国农村社会尽管在有政策支持的情况下，资金依然外流的局面。

通过以上分析，可以看出随着我国农村经济的飞速发展，我国农村信贷市场的需求呈现出需求主体和需求层次多样化的特点。但是这些需求并没有得到很好的满足，存在很大的资金缺口，农贷市场潜力巨大。

第二节　新型农业经营体系下的农村金融改革

一、农村金融问题的政策调整

资金问题是金融的核心问题，我国农村金融存在的主要问题也是资金供给与需求的双方面不足，而从我国农村金融乃至我国整体金融环境上看，仍然处于政府主导为主要手段的金融体系，无论是国有五大银行还是地方性银行都是以国有资金或地方财政资金为主要资金来源，其性质就是国有化程度较高的商业化银行，所以行之有效的政府导向以及政策上的调整有利于我国农村经济的发展，更能使我国农村金融适应农村地区经济的发展。

（一）我国农村金融供给不足的政策调整

在农村金融有效需求不足的情况下，农村金融机构多数选择在农村地区吸收存款，其主要原因是存款成本较低，然后将农村吸收的存款转移到利润更加丰厚的城市，通过上存、拆借等渠道使原本不十分充足的农村资金外流直接导致农村资金缺口严重。农村信用社同样通过这种方式从农村吸纳资金，然后将资金转移到贷款更加活跃、利润率更高的城市，这显然不是农村信用社的政策安排，这是金融机构趋利性的明显体现。对于农村金融机构，不仅仅是农村信用社是这样进行资本运作的，农业银行以及其他农村金融机构也是通过这种低价吸收高价贷出的资金转移方式来进行农村金融资本运作，这种行为也造成了我国农村地区资金严重外流，支农涉农资金严重不足。造成这种现象的原因是多方面的，首先，在政策制度安排上农村金融机构缺乏正确的激励政策。对于金融机构的自身利益诉求没有进行考量，这也直接导致以利益为主的金融机构在农村资金上的"叛逃"。其次，由于农业生产先天性风险较高的特质，给金融机构贷款投放增加了风险，这也是金融机构不愿意将原本收益不高的资金投放到风险较高的农村地区的主要原因，解决这一问题的办法则需要地方政府以及中央政府提供相应的保险机制，以保证农村一线金融机构能够在合理的风险防控范围之内更好地投入到农村资金的贷款投放。由于农村金融个体分散性较强，而占我国人口大多数的农村人口以及地区分布广袤，这进一步增加了农村金融机构的服务成本，如何建立集中化程度较高、服务健全的农村金融机构也是将来农村金融改革的主要方向。同时在我国农村地区农业贷款缺乏相应的抵押物，这也加大了涉农贷款发放的难度。

产生这种现象的主要原因是我国农村金融机构制度体制存在问题。在以农村农业银行、农村信用社以及农业发展银行为主的农村地区，只有三家以涉农为主的银行显然显得过于单薄，而我国商业银行改革也使得银行资金多数流向了资金回报率较高的城市地区。要想行之有效地解决这一问题，应从以下几点入手。首先，加强农村金融资源配置的合理性，将国家大的宏观政策因地制宜地落实到农村具体金融需求上，这样不但能有效地解决农村金融资金短缺问题，不局限于大政策、大思路而是从最基础的农村金融基层服务单位出发，以其切身利益为考量。农村基础服务金融机构应以自身经营状况以及当地经济情况为出发点，制定符合自身的制度，中央以及地方应放权于基础服务部门，倾听其利益诉求，同时健全监管制度以保证在政策落实过程中遏止腐败以及保证政策的有效施行。其次，坚持市场化改革，转变农信社的整体职能，使农村金融服务不再单一依赖于农村信用社，利用产业转型为契机将涉农资金留在农村地区，这就需要政府以及相关财政部门出台行之有效的激励制度以及涉农资金的监管保证，以促进涉农资金合理高效利用以及农村金融机构利益的有效保证，这样就能让更多的社会资金以及金融部门参与到农村金融服务之中，调动全社会的力量发展并充实我国农村金融服务机构。建立健全我国农村金融市场的准入准出机制，这样就可以避免牵一发而动全身的危险，同时健全的准入准出机制也能有效地保证我国农村地区金融机构更加丰富，不会由于四大国有银行的撤离而出现农村金融供给的空缺。再次，应从农村实际情况出发，重新设计符合农村现实状况的金融产品，丰富农村金融产品的类型，保证农村资金在存款与理财的合理转换，保证农村资金的收益，这也是防止农村资金外流的有效途径。

（二）农村资金需求不足的政策调整

由于我国农村地区收入较低，相比于产业结构更加合理的城市，农业贷款缺乏相应的抵押物，而以农业产业为主的农村地区土地，农业生产工具等固定资产变现能力较弱，因此导致农户还款能力较弱，资金需求缺口无法得到满足。

从这一角度出发，本书认为应该从以下几点出发。首先，改革开放几十年的成果使得城市发展迅速，由于农村地区产业单一，形成了现今的城乡二元格局，农村地区只有依赖政府的财政投入，改善农民的生产生活条件才能跟上我国经济大发展的形势。公共财政无疑在其中发挥着不可替代的作用，在加大财政投入的同时，改善农村生产生活条件，适当放宽农业贷款的限制条件，将土地播种收益纳入到贷款考量条件，而不是单一的固定资产还款模式，同时政府财政设定专款保证金融机构贷款损失，只有这样的双保险才能解决农村金融巨大缺口。其次，健全农业保险模式，保证资金的有效投放和收回。由于农业生产先天风险较高的弱质性，以及我国农村地区种植模式分散性较强而保险意识普遍淡薄，也加大了涉农贷款坏账的风险，政府及地方财政的有效介入甚至以地方财政为介入的涉农保险显得尤为重要。在农业生产出现风险时，予以补偿。再次，解决以上问题的主要目的是增加农民收入，这就需要以政府为主导的农村产业升级，生产加工附加值更高的农业产品，在有限土地限制条件下，利用政府强大的信息渠道，引导农民增收。

供需问题是农村金融服务所涉及的主要问题，在双方面均存在不足的情况下，我国农村地区的经济发展很难实现高速健康增长，以上政策建议与调整都需要政府财政部门的有效支持以及相关政策的保证。只有建立健全农村金融供需渠道，保证涉农资金贷款的有效使用，才能促进农村经济增长，增加农民收入。

二、农村正规非正规金融机构的协作发展

非正规金融部门这一概念是相对于正规金融部门而提出的。"不受政府对于资本金，储备和流动性，存贷利率限制，强制性信贷目标以及审计报告等要求约束的金融部门。"这是亚洲发展银行对于非正规金融部门给出的定义。在世界发达国家，非正规金融部门都处于十分重要的地位，而在我国非正规金融部门一直受到政府部门的严厉限制之下。这在一定程度上阻碍了我国农村金融的发展。

来自农业发展基金委员会的研究报告表明，我国农业非正规金融机构的贷款总额大约为正规金融部门提供贷款的四倍。对于农民来说，非正规金融部门由于门槛较低，放款速度较快，同时审批手续比较简便，已经成为其贷款的首选。这也从另一个方面表明，非正规金融部门在我国农村地区存在的合理性。所以，本书认为应当鼓励非正规金融部门在我国农村地区的发展，政府给予政策支持对我国农村地区经济发展无疑是一件百利而无一害的好事。理论研究表明，正规与非正规金融部门在经济发展中各具优势，如果能形成优势互补合作发展，必然对我国农村金融的发展起到很大的促进作用。在非正规金融部门强大的需求之下，我们可以发现我国金融制度存在不均衡性。特别是服务和制度较为落后的农村地区，这一现象就更加明显，如何促进二者的协调发展，我们认为应该从以下几方面入手。

（一）规范农村非正规金融机构的发展

由于正规金融部门投融资渠道的不畅通，导致我国农村地区借贷方式主要依赖于亲朋好友之间的亲情式拆借，以及一些资金互助会的辅助。由于这种借贷方式不在政府监管范围之内，所以无论是借款方还是贷款方的利益都得不到有效的保证，从而加大了金融风险。经济纠纷时有发生。我们应该加

强政府对于农村资金的引入方式，同时保证资金投放的收益，建立健全贷款保障机制，对非农业生产性贷款予以制度支持。增加农村生活性贷款的灵活性，这样既能保证农民的资金需求，也可以保证资金拥有者的利益诉求以及资金安全保障。同时将组织松散的农村非正规金融机构进行整合，使其有法可依，有章可循，降低其破产风险，保证农村资金的安全性。

我国正规金融机构从规模、资金储备上相对于非正规金融有着绝对的优势，但由于我国正规金融部门国有化程度较高，政策性金融服务性质明显，所以在农业贷款上门槛较高，很难满足大多数农村地区的金融需求，这就需要非正规金融机构的有效补充，以满足非涉农贷款的需求。正规金融部门可以采取放权的方式，将涉农保险、担保、租赁等小额业务派放与非正规金融部门，由于服务数量优势，将弥补我国正规金融部门鞭长莫及的劣势，同时正规金融部门在资金上予以非正规金融部门支持，通过正规金融部门强大的风险防控机制，利用信息共享优势，为非正规金融部门提供财产保障。

利用农村金融机构贴近基层的信息优势，做好农村基础金融服务的投资理财宣传。降低了农村金融服务的成本，同时正规金融机构可以通过非正规金融部门的信息反馈制定符合当地的金融政策。发挥政府的政策性资金导向，使更多的社会资金投放到我国农村建设中。

（二）建立健全风险防范机制

与正规金融部门相比，非正规金融部门在风险防范和抵御上能力较差，往往单一的几笔坏账的产生和贷款的无法收回便使得一个非正规金融部门走向破产的边缘，其连带效应的产生加大了农村金融环境的不稳定性，同时不利于我国农村地区经济的长足发展。所以建立健全风险防范转移机制势在必行。这就需要正规金融部门以及地方政府提供有效的技术和信息支持。村镇龙头企业应建立风险保证金机制，用于不可抗力因素导致的贷款无力偿还等问题。政府扶贫专项资金的利用应考虑到非正规金融机构破产保护上，对非正规金融机构收取适量保证金，以保证在其破产的情况下其吸纳的农村存款的偿还，同时政府利用扶贫专款增加非正规金融机构的存贷能力。

我国农村地区金融需求旺盛，现有的农村基础服务部门无论从规模还是人员配置上都无法满足农村地区旺盛的金融需求，所以要鼓励非正规金融机构在我国农村生根发芽，对其辅以政策上的支持。农村正规与非正规金融部门的优势互补是对我国农村金融体系的极大丰富，只有这样才能促进我国农村金融的长效发展，促进农村地区经济的腾飞。

（三）推动农村金融产品创新

经济的发展需要金融的有效支持，对于我国当前农村的整体金融构架来说，无论从结构模式还是运作上都无法满足我国农村经济的发展，在农业产业结构调整的同时，农村金融机构改革势在必行，同时金融产品的创新也对我国农村资金的有效利用起到关键作用。只有丰富我国农村金融产品的种类及创新的类别，才能从总体上满足我国广大农村地区对于金融产品的需求，使广大农村地区的农民有更多的投资理财渠道，从而加强我国农村地区资金的利用效率，从另一个层面增加农民收入，保证农村闲散资金的有效利用。

同时，农村金融产品的创新，也是为我国农村金融服务部门提供一个增收的手段，通过金融产品的创新，因地制宜地发展我国农村金融产品。金融产品的丰富，将极大加强我国农村金融服务部门的整体能力，增强我国农村金融服务部门的创新能力，有效地改善在非存贷方面农村金融服务方面的不足。只有农村金融产品创新落到实处，才能更有效地增强我国农村非农产品的收入，提高资金利用效率，拓宽我国农村地区广大民众的投资途径。使原本利用率较低的农村资金走进资金回报率较高的资本市场，加快加强我国农村地区经济的发展，同时也有效保障了农村金融部门的收入，是一个双赢的结果。

在金融产品创新进行的同时，也能有效加强我国农村金融服务部门的服务能力和综合市场竞争效率，吸收更多的农村地区资金，投入到其他农村生产行业，这在很大程度上对于农村资金的盘活有很好的促进作用。与此同时，应该保障在金融产品创新中的风险防控与资金外流。这不仅是对广大农村地区负责，也是对我国经济发展负责。

三、推动我国农村金融机构改革

（一）农村基础服务部门的改革

作为我国农业产业发展的基础性政策金融机构，农业发展银行应拓展政策性的金融业务，以正确的方式引导资金流向农村地区。特别是支农重点资金的投放，如修路、建设公共性服务设施等项目的投放力度。国家开发银行也应该将业务的触角伸向农村地区，加强农村地区服务，加大投入力度以支持三农为主体思路，促进农村经济的发展。同时四大国有银行将原本抽离的农村资金与业务重新拓展到农村地区，以满足我国农村地区旺盛的金融需求。也将改变我国农村基础服务部门不足的现状。只有通过多渠道全方位的改革，才能更好地促进我国农村金融服务的覆盖范围与服务质量。农村信用社作为我国当前农村金融服务的主要部门，应该尽快明确其在我国农村金融服务中的市场定位、服务方向。这样将很好地提高农村信用社在农村基础服务中的作用。政府应通过政策性引导等多种形式，增加农村金融服务部门的种类和数量，放权于市场，让农村成为一个开放性市场，这样才能让更多的社会资金进入到我国农村地区，从而加大我国农村地区资金的保有量，有效补充我国农村地区资金，促进农村地区经济的发展。正确发挥我国民间金融机构的补充作用，通过政府引导，政策支持，规范化转变，转变准入与退出机制，使更多的资金投放到农村地区，政策性金融、民间金融、合作金融、商业性金融和民间金融机构的有效整合，将进一步加强我国农村金融的服务能力。

农村金融应有效补充风险防控机构，保证农村资金的安全。这不仅仅需要政府政策的引导，同时保险公司、信托公司等相关机构的介入也是必不可少的。只有保证了资金的安全才能让农村金融在良好的环境中健康成长，有效避免破产等现象波及影响我国农村地区经济的发展。针对我国农村地区经济发展形势的不同，应因地制宜地设定适合不同地区以及经济环境发展的农村金融服务部门，这样就需要地方政府提出相应的金融改革方案，这些方案的提出将很好地适应当地经济的发展。金融部门自身的改革也是我国农村地区金融改革的一部分。其主要表现在提高我国农村金融服务人员的总体素质以确保我国农村基础服务水平得到有效的提高。与此同时吸引更多高端人才进入我国农村金融部门，使农村金融基础服务部门在整体能力上得到显著的提高。改善我国农村金融服务的硬件条件，其中包括基础设施等相关设施的建设，这将更好地吸引金融服务人才到农村地区服务。这需要地方政府提供相应的政策支持。

（二）农村金融自身问题的改进

我国农村地区金融总体处于发展初级阶段，存在着很多现实问题。只有这些问题得到充分解决才能使得我国农村地区经济得到快速发展。首先，应改善我国农村的整体产业结构，加强农产品以及农副产品的附加值，使我国农村地区的经济整体实力得到进一步增强。同时丰富我国农村地区服务行业的品种，告别单一式的农村金融服务，让我国农村地区不再只局限于银行这一单一的金融服务部门，应同时引进保险公司、证券公司等金融服务部门。控制我国农村地区资金的外流，使我国原本不是十分充足的资金得到有效的数量保障，这需要我国政府出台相关政策以及农村信用社市场定位上的选择，真正做到农村地区的闲散资金最终为我国农村地区所用，而不是流入原本资金充足的城市地区。

作为高风险行业的农业生产行业，农业保险的施行势在必行，这不仅仅能确保农村经济的坚实发展，同时也能有效保证农村经济平稳发展，而作为投资回报相对较低的农村保险行业，政府应辅以政策支持以及相应的优惠政策，这样才能提高保险公司等行业对于农村的兴趣，使其能更好地投入到农村保险行业，同时加大农村保险的宣传力度，促进农村地区参保的积极性。

明确农村信用社的市场定位，在农村金融服务部门单一化的今天，农村信用合作社作为我国农村金融服务的主力军，应明确其市场定位，只有这样才能让其更有效地服务于农村经济发展，农村信用社是否只是单一的农村金融服务行业？其业务范围是否应该像其他商业银行一样涉及城市地区？如果农村信用社采取同样的方式从农村地区抽离资金，这势必加剧我国农村地区资金紧张的形势。所以农村信用社的市场定位十分重要，需要相关部门做出正确的考量。

综上所述，我国农村经济的发展离不开我国农村金融的支持，为了确保在新型农业经营体系下的农村经济健康稳定发展，农村金融改革势在必行，这不仅需要我国政府相关部门的大力支持，更需要调动社会一切力量去改善农村金融服务。以政策调整为主要方向，同时加强农村正规与非正规金融部门的协作式发展，建立健全风险防范机制，推动农村金融产品的创新，同时推动我国农村金融机构的整体改革，只有这样我国农村金融才能更好地服务于农村经济的发展，才能真正实现我国农村经济的长足高效发展。

农村地区是我国经济发展相对薄弱的地区，农村地区的经济发展关乎整个国民经济的发展，也是实现社会主义共同富裕的必行之路。在新型农业经营体系的创建过程中，我们更应加快农村金融的发展，为农村建设社会主义新农村提供一个良好的金融环境。这不仅仅需要地方政府的努力，同时政策性金融机构也应该加大力度投身到农村经济发展之中，扶植新型农业经营体系的建立，为农村地区的建设提供充足的资金、良好的环境，实现农村地区经济的真正腾飞。

　　经济的发展需要良好金融环境的支持，我国农村地区新一轮的经济发展需要大量的资金，健康良好的金融环境可以保证我国农村资金的有效利用，同时保证农村经济发展的效率有较好的提高。同时为破除城乡二元结构，应加大我国农村地区产业转型，千方百计促进农村增收，保证农村地区经济发展落到实处，提高农村金融基础服务部门的质量和数量，在保证效率的同时注重质量的发展，保证农村资金的有效供给，同时做好风险防控机制，建立健全我国农村地区金融保证制度。引导社会资金流向资金缺口较大的农村地区，同时国家和地方财政应更多地辅以政策支持。

　　良好的制度和体制是保障经济发展和农民增收的有效途径，在农村地区经济体制、产业结构转型的同时做好保证工作，我国农村地区经济才能有条不紊地发展，农村经济才能真正腾飞，农民实际增收不会只是一句口号。

参 考 文 献

[1] 涵洁，胡志全. 加快构建新型农业经营体系[M]. 北京：中国农业科学技术出版社，2016.

[2] 黄祖辉，陈龙. 新型农业经营主体与政策研究[M]. 杭州：浙江大学出版社，2010.

[3] 苏群. 农业经营学[M]. 北京：科学出版社，2016.

[4] 宋洪远，赵海. 中国新型农业经营主体发展研究[M]. 北京：中国经营出版社，2015.

[5] 农业部软科学委员会办公室. 农业经营体制改革与制度创新[M]. 北京：中国财政经济出版社，2013.

[6] 罗必良. 中国农业经营制度[M]. 北京：中国农业出版社，2014.

[7] 马书烈，廖德平. 新型农业经营主体素质提升读本[M]. 北京：中国农业科学技术出版社，2015.

[8] 刘雪梅. 农业经营主体论[M]. 北京：法律出版社，2014.

[9] 张秀生. 农业经营方式创新与农民收入增长[M]. 北京：中国农业出版社，2015

[10] 陆学艺，向洪. 农业经营[M]. 重庆：重庆大学出版社，2006.

[11] 齐敬冰，沈廷金，刘艳. 新型农业经营主体规范与提升[M]. 北京：中国农业科学技术出版社，2015.

[12] 杨建良. 农业经营管理[M]. 石家庄：河北科学技术出版社，2013.

[13] 赵冰. 农业经营主体创建与发展[M]. 北京：中国农业科学技术出版社，2017.

[14] 朱京燕. 现代农业经营管理操作实务[M]. 北京：中国农业科学技术出版社，2011.

[15] 邓万春. 新型农民的现代农业经营[M]. 北京：中国社会科学出版社，2010.

[16] 朱信凯. 未来谁来经营农业：中国现代农业经营主体研究[M]. 北京：中国人民大学出版社，2015.

[17] 朱亚军. 休闲农业巧经营[M]. 北京：中国农业出版社，2011.

[18] 陈春叶. 农业企业经营管理[M]. 重庆：重庆大学出版社，2016.

[19] 宋瑛. 农业产业化经营组织——基于农户参与视角[M]. 北京：科学出版社，2017.

[20] 罗必良. 农业家庭经营：走向分工经济[M]. 北京：中国农业出版社，2017.

[21] 高杰. 中国农业产业化经营组织演进论[M]. 北京：中国农业出版社，2017.

[22] 宋志伟，杨定科，杜家方. 现代农业生产经营[M]. 北京：中国农业科学技术出版社，2015.

[23] 郭树华. 中国农业保险经营模式的选择[M]. 北京：人民出版社，2011.

[24] 吴晓林. 现代农业产业化经营与管理[M]. 北京：中国农业科学技术出版社，2017.

[25] 陈展鹏，龚晓玲，陈中建. 现代农业生产经营[M]. 北京：中国农业科学技术出版社，2016.

[26] 华红娟. 农业生产经营组织研究——基于食品安全与农户行为角度[M]. 杭州：浙江工商大学出版社，2017.

[27] 邵腾伟. 现代农业家庭经营的共享化组织创新研究[M]. 成都：西南财经大学出版社，2017.

[28] 陈勇夫. 现代农业生产经营[M]. 北京：中国农业科学技术出版社，2015.

[29] 衣明圣，曹德贵，杨光领. 现代农业生产经营[M]. 北京：中国林业出版社，2017.

[30] 胡情祖，陈忠莲，周朋. 现代农业生产与经营管理[M]. 北京：中国农业科学技术出版社，2016.

[31] 黎少华. 农业生产资料连锁网络建设、运营与管理[M]. 北京：中国标准出版社，2013.

[32] 王文合，黄勇，季永霞. 现代农业生产经营[M]. 北京：中国农业科学技术出版社，2017.

[33] 刘志. 现代农业生产与经营[M]. 北京：中国农业科学技术出版社，2014.